図解&事例で学ぶ

リーダーシップの教科書

ビジネス戦略研究所 著

マイナビ

はじめに

はじめて部下を率いる立場になったとき、自分がリーダーとしてどう行動すればいいのかわからず、悩んだ経験がある人は非常に多いでしょう。リーダーとして何年も部下を率いているような人でも、いまだに、自分の行動・決断に自信が持てなくなったり、迷ったりすることがきっとあるはずです。

「リーダーはどうあるべきか」「リーダーシップを身につけるにはどうしたらいいのか」というテーマは、すべてのビジネスパーソンに共通した課題といっていいでしょう。

リーダーシップに関する研究は古くからずっと続けられており、次々と新しいリーダー論が登場しています。緻密な研究を積み重ねて導き出された理論から一社長の経験則まで、その種類は実にさまざまです。

リーダーシップ研究の結果、明らかになった重要な事実のひとつは、どんな人でもリーダーとして成長できるということです。優れたリーダーになるためには生まれ持った才能が必要であるという考え方は過去のものになっています。リーダーシップを発揮するための方法さえ学べば、だれでも優れたリーダーになることができるのです。

本書は次の7章で構成されています。

- 第1章……リーダーシップとは一体何なのか?
- 第2章……新米リーダーが陥りやすい失敗パターン
- 第3章……みんながついてくるリーダーシップの基本
- 第4章……リーダーシップを発揮するためのチーム作り
- 第5章……人を惹きつけるビジョンの描き方・伝え方
- 第6章……人を動かすコミュニケーション術
- 第7章……こんなときはどうする? リーダーのトラブルシューティング

第1章では、リーダーシップの定義やリーダーに求められる役割、リーダーの行動タイプなどについて説明しています。

第2章では、はじめてリーダーになった人が陥りやすい失敗例を紹介しています。はじめて部下を率いる立場になった人は、自分がこれらの失敗パターンにハマっていないかをチェックしてみてください。

第3章では、リーダーが持つ影響力の種類や組織変革のプロセスなど、リーダーシップを発揮するための基本となる理論や考え方を解説しています。また、リーダーとして成長するための方法についても紹介しています。

第4章では、チーム作りにおいてリーダーが実践すべきこと、注意すべきこと、知っておくべきことを解説しています。部下のやる気を引き出す方法や、手抜き社員を減らすコツ、トラブルの芽を一早く摘み取るための心がけなど、さまざまな知識を学べます。

第5章では、部下の心をひとつにし、チームを邁進させるために必要な「ビジョン」の描き方について解説しています。魅力的なビジョンを描くことは、リーダーの役割のなかでも特に重要なものです。

第6章では、普段のコミュニケーションを通じて部下に影響を与え、成長を促したり、リーダーとしての信頼を深めたりする方法を解説しています。

第7章では、部下が大きなミスを犯してしまった場合や、上司との関係性が悪い場合など、多くのリーダーが経験するであろう代表的なトラブルをいくつか挙げ、その対応策を解説しています。

本書には、古今東西のリーダーシップ研究の成果をもとに、リーダーシップを発揮するために役立つあらゆる知識を詰め込みました。

また、単なるリーダーシップ理論の解説本にならないように、明日から使えるような実用的な内容になっています。

この本を読み終えたあなたが本書の内容を実践し、リーダーとして大いに活躍することを心から願っています。

目次

第3章 みんながついてくるリーダーシップの基本……65

第4章 リーダーシップを発揮するためのチーム作り 97

第7章 こんなときはどうする？ リーダーのトラブルシューティング

第1章

リーダーシップとは一体何なのか？

1-01

良いリーダーは周囲の人間を動かす

リーダーシップの定義

▼リーダーシップとは何か

リーダーシップは、チームの力を引き出すために必要不可欠な能力です。リーダーシップという言葉の意味は人によって異なることがあるので、最初に定義を明確にしておく必要があるでしょう。

リーダーシップを一言で定義すると、「**他人を巻き込んで望ましい方向に動かす力**」です。リーダーにはさまざまなタイプがあり、情熱的な人もいれば温厚な人もいますが、優れたリーダーは例外なく人を動かす能力を持っています。

たとえばものすごく優秀で、ひとりで莫大な利益を出せる能力を持っていたとしても、周囲の人間が全然いうことを聞いてくれないとしたら、リーダーの資質には欠けているといわざるをえません。

リーダーシップの本質やリーダーが果たすべき役割を正しく理解することが、リーダーシップを身につける第一歩といえるでしょう。

良いリーダーとダメなリーダー

良いリーダーは周囲の人を動かす

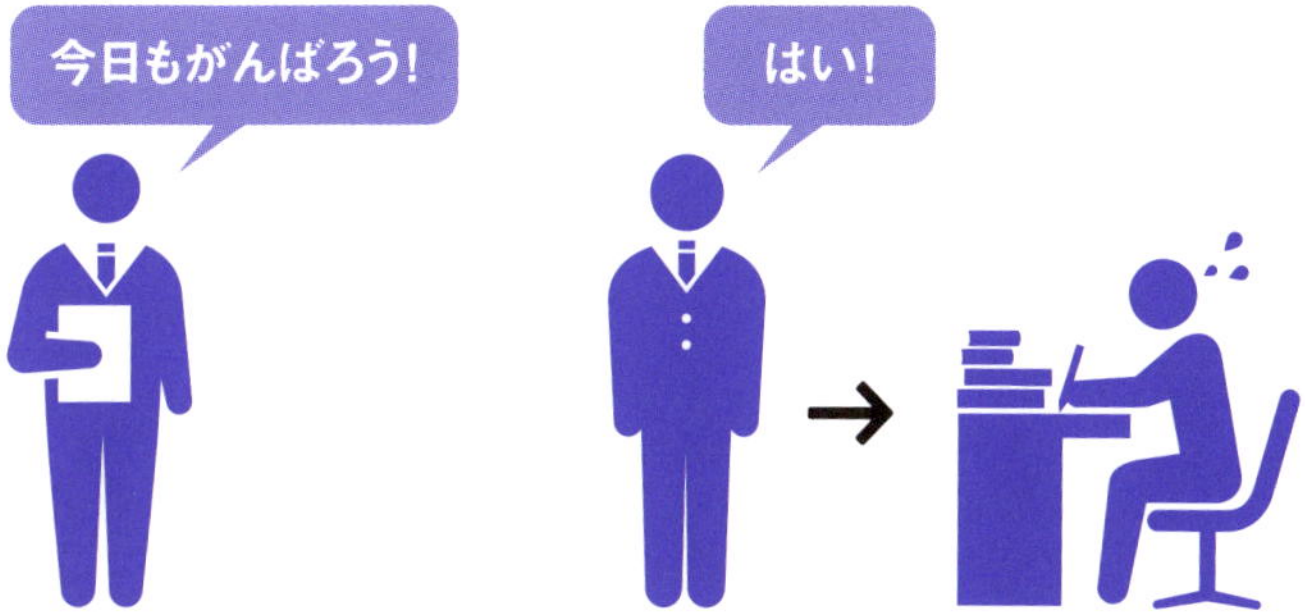

ダメなリーダーは周囲の人を動かせない

どんなに優れたスキルを持っていても
周囲の人を動かせなければ
優れたリーダーにはなれない!

1-02

部下を引っ張るだけがリーダーではない

リーダーシップに対する誤解

▼リーダーの理想型はさまざま

「リーダーシップのある人物」といわれて、みなさんはどんな人を思い浮かべるでしょうか。もちろん人によって理想のリーダー像はさまざまでしょうが、カリスマ性があって、部下をぐいぐい引っ張るタイプの人物を思い浮かべた人はきっと多いでしょう。

リーダーシップというと部下を引っ張ることだというイメージを持ちがちですが、それだけがリーダーシップではありません。指示や命令によって人を動かすのも大事ですが、周囲の人が自主的に動いてくれるように促すという発想も必要です。たとえば口数が少なくて物静かな人物でも、周りの人から「あの人のためにがんばろう」と思われるような人なら、優れたリーダーといえるのです。

理想のリーダー像はひとつではありません。**旧来のカリスマ的なリーダー像にとらわれると、部下に慕われないひとりよがりなリーダーになってしまう危険性もある**ので注意してください。

理想のリーダーとは?

多くの人が思い描く理想のリーダー像

実際にはさまざまなタイプのリーダーが
優れた結果を残しており、性格や状況によって
理想のリーダー像は異なる

旧来のイメージにとらわれず
自分に合ったリーダー像を
目指すことが大切

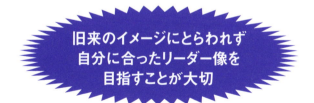

1-03

リーダーシップとマネジメントの違い

リーダーシップの本質は管理ではない

▼管理者にもリーダーシップが求められる

マネジメントとリーダーシップはよく似た概念ですが、まったく同じものではありません。この2つの違いを明確にしておくことも、リーダーシップについて正しく理解するために役立つでしょう。

前述した通り、**リーダーシップは「人を動かす力」です。それに対してマネジメントは「組織を管理すること」といえるでしょう。**

スポーツチームで例えるとすれば、監督がチーム全体をマネジメントする管理者であり、キャプテンがリーダーになるでしょう。監督はチームを率いる立場なので、マネジメント能力だけでなくリーダーシップも必要です。

ビジネスシーンでも、上の立場の人間が管理者をつとめるケースは多く、その場合はマネジメント能力とリーダーシップの両方が求められます。組織管理に長け、メンバーの能力をうまく引き出せる人が理想の上司といえます。

リーダーシップとマネジメント

リーダーシップは
「人を動かす力」

リーダーはビジョンを提示し、
部下のやる気を引き出して
仕事の成果を上げる

マネジメントは
「組織を管理すること」

マネージャーは人やモノ、お金、
情報などを管理して
仕事の成果を上げる

上司になる人間にはリーダーシップと
マネジメント能力の両方が求められる

リーダーシップ×
マネジメント○

リーダーシップ○
マネジメント×

リーダーシップ○
マネジメント○

リーダーシップとマネジメントの
バランスがとれていないとチームは機能しない

1-04

リーダーの仕事とは？

リーダーの役割

▼リーダーは何をすべき？

リーダーが果たすべき役割はいろいろありますが、主な仕事は、①「進むべき方向性を決める」、②「組織を整える」、③「部下の規範になる」、④「部下の力を引き出す」の4つに分けられるでしょう。

魅力的なビジョンを示し、働きやすい環境を整え、自ら手本となって、部下をやる気にさせる。ざっくりいえば、それがリーダーの仕事ということです。チームのメンバーにどれだけいい影響を与えられるかでリーダーとしての力量が決まります。

優れたリーダーになるには、この4つのうちどれが欠けてもいけません。リーダーの立場になっている人は、自分がこれら4つの役割をしっかり果たせているかをチェックしてみてください。

また、自分のチームがうまく機能していないときは、4つの役割のいずれかでチームのパフォーマンスアップに貢献できるはずです。

リーダーがやるべき4つの仕事

①進むべき方向性を決める

チームが目指すべき目標を定め、メンバーの気持ちをひとつにする。チームのゴールは、簡単すぎず、かといって無謀でもなく、メンバーがやりがいを感じて情熱を注げるものがベスト

②組織を整える

メンバーが抱える悩みを解決したり、メンバー同士の衝突を解消したりして、メンバーが仕事に打ち込める環境を作る。環境が悪ければどんなに優秀なメンバーも力を発揮できない

③部下の規範になる

仕事への取り組み方や、普段の立ち居振る舞いなどを通じて規範を示す。だれもが憧れるようなリーダーになれれば、自然とチームの規律が高まり、仕事に対するメンバーの意欲が高まる

④部下の力を引き出す

適切な目標設定やアドバイスなどによって部下のポテンシャルを引き出す。人材配置や仕事の振り方をよく考え、いかにしてメンバーのやる気を高めるかが大きなポイントになる

これら4つの仕事を通じて
チームのパフォーマンスをアップする

1-05

リーダーシップは何によって生まれる？

リーダーシップの源

▼人を動かす力が強いのはどんな人？

リーダーシップはどういう要素から生まれるのでしょうか。

リーダーシップはさまざまな要素によって左右されます。一番わかりやすいのは、役職・肩書きでしょう。平社員が課長になれば周囲の人間に与える影響力は高まります。

また、ビジョンを提示する力も大事です。魅力的なビジョンを提示できれば、メンバーはやりがいを感じて積極的に動いてくれます。

ほかには、専門性や人間的魅力といった要素もリーダーシップにつながります。そのジャンルに精通している人の意見には説得力があるものです。専門性は比較的身につけやすい要素だと思いますが、これだけでは限界があります。技術の進歩についていくために学び続けなくてはいけませんし、仕事の領域が広がってきた場合、すべての分野に精通するのは困難です。つまり、**リーダーシップを高めるには、ビジョンを提示する力や人間的魅力をいかに高めるかが重要であるといえるでしょう。**

リーダーシップに影響する主な要素

役職・肩書き

「部長」「専務」といった役職・肩書きは、リーダーの地位についていることの証明。もちろん責任の大きい肩書きほどリーダーシップに与える影響は大きい

専門性

専門性の高い知識や技能を持っている人は、発言力がアップし、周囲から頼られやすくなる。多くの場合、仕事の経験を積むにつれて自らの専門性は上がっていく

ビジョンを提示する力

魅力的なビジョンは、メンバーのやる気を著しく高める力を持っている。ビジョンを描くだけでなく、それを正しくメンバーに伝える力も必要

人間的魅力

魅力的な人は、周囲の人に好かれやすく、チームに好影響を与える。生まれ持った資質に影響する部分も大きいが、後天的に伸ばすこともできる

ビジョンを提示する力と
人間的魅力が特に重要!

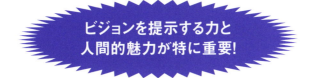

1-06

リーダーの行動は４タイプに分類できる

PM理論

パフォーマンス重視かメンテナンス重視か

リーダーの共通項を見つけて分類する理論はいくつもありますが、特に有名なのは、社会心理学者の三隅二不二が提唱したＰＭ理論です。

ＰＭ理論では、チームの生産性を高める「パフォーマンス」と、メンバーの不満を解消するなどしてチームをまとめる「メンテナンス」の２軸によって、リーダーのタイプを次の４種類に分類します。

①ＰＭ型…生産性を高める力が高く、チームをまとめる力も強い
②Ｐ型…生産性を高める力は強いが、チームをまとめる力が弱いタイプ
③Ｍ型…生産性を高める力は弱いが、チームをまとめる力が強いタイプ
④ｐｍ型…生産性を高める力が弱く、チームをまとめる力も弱い

リーダーとしての自分を客観視して評価することは非常に大切です。自身がＰＭ理論のどのタイプにあてはまるかを考えてみてください。

PM理論によるリーダーの分類

強

パフォーマンス（生産性を高める力）

②P型

何よりも成果を重視するタイプ。チームのパフォーマンスを上げる力に優れる反面、人間関係の調整などにはあまり力を使わない

①PM型

チームの成果と人間関係の両方を重視するタイプ。バランスのいいリーダーで、組織が困難な状況にある場合でもリーダーシップを発揮できる

④pm型

成果にも人間関係にも無頓着なタイプ。部下のやる気や能力が高い場合は、リーダーが何もしなくてもチームが機能するため、pm型でも問題ない

③M型

成果よりも人間関係の調整を重視するタイプ。生産性を高める力は弱いが、チームのムードをよくする力が高いため、部下が気持ちよく働ける

弱　メンテナンス（チームをまとめる力）　強

リーダーのタイプはPM型が理想的
自分が何型かを考えてみよう

1-07

状況によって求められるリーダーは違う

リーダータイプの使い分け

▼複数のリーダータイプを使い分けるのがベスト

ＰＭ理論の４タイプのうち、目指すべきは「ＰＭ型」でしょう。生産性を高める力とチームをまとめる力の両方に優れていた方が良いのはいうまでもありません。ただし、忘れてはいけないのは**理想のリーダーシップは状況によって異なる**ということです。

たとえば、ひとつの目標に向かって、みんながやる気をみなぎらせて主体的に仕事に打ち込んでいる職場があったとしましょう。その場合、リーダーがあれこれ口を出す必要はありません。それどころか下手に口出しをすれば、逆に部下のやる気をそいでしまう可能性も出てきます。

こういうケースでは、ＰＭ型よりも放任タイプのｐｍ型が適しているのです。同じように、Ｐ型がベストな場合も、Ｍ型がベストな場合もあります。

本来の自分とは違うタイプのリーダーを演じられるようになれば、状況が変わっても優れたリーダーシップを発揮し続けられるでしょう。

チーム状況とリーダーのタイプ

部下がだらけている状況ではP型がマッチする

部下が疲弊しているときはM型がマッチする

チームがうまく回っているときはpm型がマッチする

1-08

フォロワーシップも重要

リーダーシップとフォロワーシップ

▼フォロワーシップが高いとチームがさらに強くなる

チームのパフォーマンスを上げるためには、メンバーのフォロワーシップを高めることも重要です。

フォロワーとは、リーダーに従うチームメンバーや部下のことであり、**フォロワーシップは、目標達成のためにリーダーをサポートする力のことです**。

チームのメンバーがフォロワーシップを発揮するために前提となるのは、リーダーとの信頼関係です。メンバーの信頼を得ることは、リーダーがリーダーシップを発揮する上でも、メンバーのフォロワーシップを引き出す上でも必須条件といえるでしょう。リーダーになった人がまっさきに取り組むべき課題は、部下の信頼を得ることです。

また、中間管理職的なポジションに位置する人は、部下に対してはリーダーですが、上司に対してはフォロワーです。フォロワーシップは、リーダーになった後も、チームとして成果を出すために必要な能力といえるでしょう。

リーダーシップとフォロワーシップ

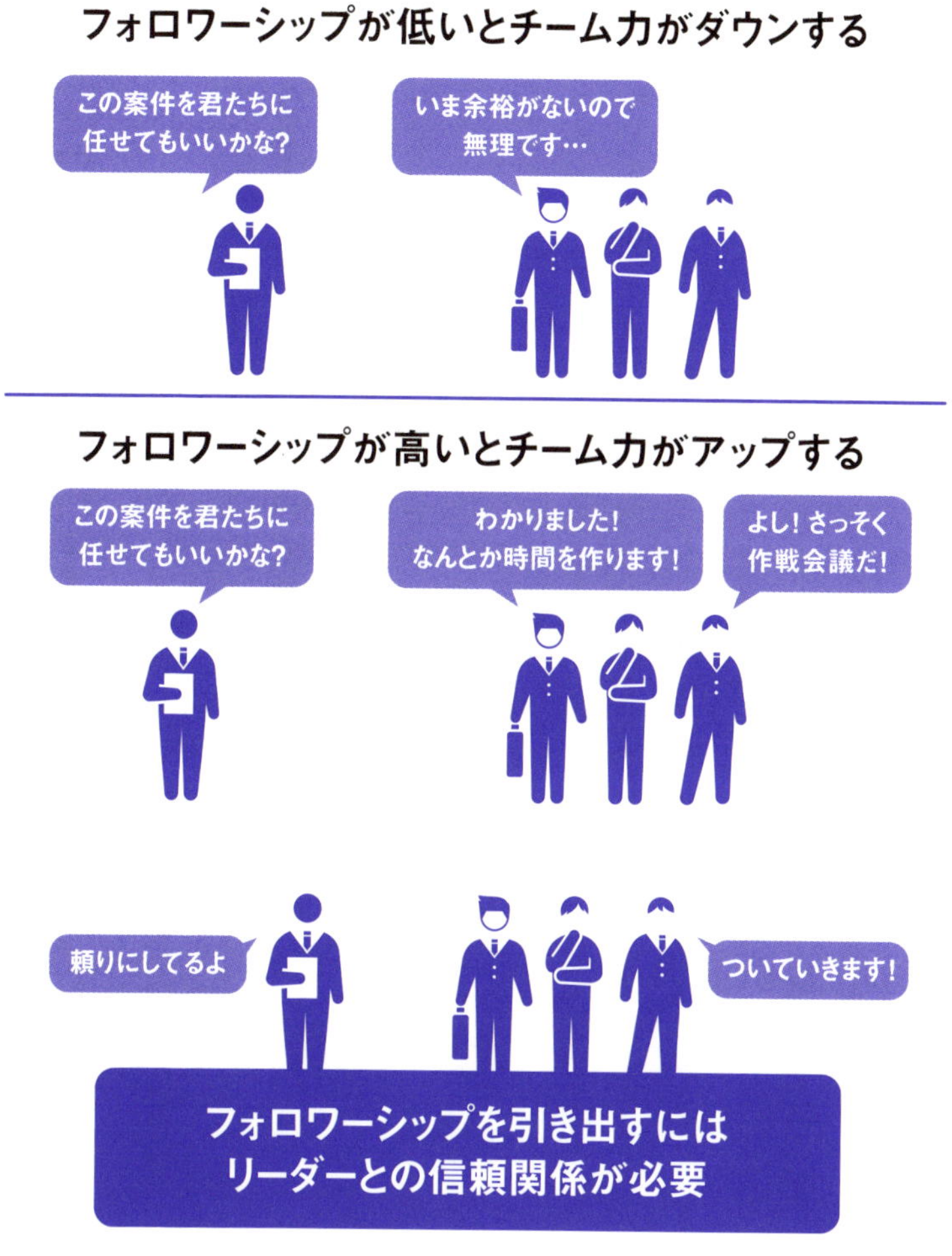
フォロワーシップが低いとチーム力がダウンする
この案件を君たちに任せてもいいかな?
いま余裕がないので無理です…
フォロワーシップが高いとチーム力がアップする
この案件を君たちに任せてもいいかな?
わかりました! なんとか時間を作ります!
よし! さっそく作戦会議だ!
頼りにしてるよ
ついていきます!
フォロワーシップを引き出すにはリーダーとの信頼関係が必要

1-09

自分自身に対するリーダーシップとは？

セルフリーダーシップ

▼自分で決めた目標に向かって主体的に進んでいく

リーダーシップは周囲の人を動かす力であると説明しましたが、自分自身に対してリーダーシップを発揮するという考え方があります。これはセルフリーダーシップという考え方で、一言で説明すれば「**将来の自分のあるべき姿をイメージし、目指す目標に向かって主体的に進んでいくこと**」です。

自分で目標を決め、そこに向かって主体的に考えて行動するというのは当たり前のように思えるかもしれませんが、上司の評価を気にしすぎたり、将来の目標を見失ってしまったりして、主体的に仕事に取り組めなくなるケースは少なくありません。また、忙しすぎて目の前の業務を機械的にこなしているだけ、という人もきっと多いでしょう。

セルフリーダーシップがうまくいかず、主体性がない人は、リーダーとしての魅力も失われてしまいます。主体的に仕事に取り組めていないと感じている人は、何が自分の障害になっているかを考えてみてください。

セルフリーダーシップとは?

セルフリーダーシップとは…

自分の目標に向かって主体的に進んでいくこと

一般的なリーダーシップは自分以外の他人に
望ましい行動を起こさせる力

そのリーダーシップを自分自身に対して発揮するのが
「セルフリーダーシップ」という考え方

適切な将来設計
問題解決力
自分に対する自信
目標へ向かう情熱
……etc

→

目標に向かって
主体的に行動
できるようになる

**セルフリーダーシップができていないと
リーダーとしての魅力が激減する**

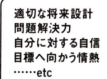

コラム

リーダーシップ特性論とリーダーシップ行動論

「優れたリーダーになるためには何が必要なのか」という問題はビジネスパーソンの永遠のテーマのひとつといえるでしょう。

リーダーシップに関する研究・議論は古くから盛んに行われており、かつて主流だったのがリーダーシップ特性論です。「優れたリーダーは共通する特性を持っている」という仮説のもと、リーダーに必要な特性を特定しようとしたわけです。その結果、リーダーシップに影響を与えると思われる特性がある程度わかってきました。

しかしそれらの特性を持っていないにも関わらず華々しい功績を残すリーダーもいたりして、特性論の限界も見えてきました。

そして、リーダーシップ論の主流は、リーダーの行動スタイルに着目した行動論へと移っていきます。

リーダーシップ行動論は、個人の特性に関わらず参考にできます。リーダーシップは後天的に伸ばせる能力なので、自分がリーダー向きの性格ではないと思っている人も、リーダーになることをあきらめないでください。

第2章

新米リーダーが陥りやすい失敗パターン

2-01

自分ひとりでがんばりすぎる

部下を頼れないリーダーはダメ

▼リーダーは周囲の人間を動かしてナンボ

はじめてリーダーになった人が失敗しやすいパターンのひとつが、がんばりすぎです。リーダーの役割を果たそうとするあまり、あれもこれもと自分の仕事を増やして、そのすべてに全力で取り組みます。

熱い気持ちはリーダーにとって必要不可欠な要素ですが、ひとりでがむしゃらにがんばりすぎるのはおすすめできません。**リーダーががんばりすぎると、部下のやる気や責任感が低下してしまう場合がよくある**のです。部下に任せるべき仕事まで奪って奮闘すると、部下は「自分たちは信頼されていないんだ」とか、「自分が一生懸命やらなくてもあの人に任せておけばいいや」などと感じ、チームのパフォーマンス低下につながってしまいます。

リーダーは、自分ががんばるよりも、他人にがんばってもらうことに力を入れなくてはいけません。リーダーになったら、これまで以上に周囲の人に頼り、チーム全体のパフォーマンスを上げることを意識しましょう。

部下の仕事を奪ってはダメ

部下に任せるべき仕事まで
リーダーがやってしまうと
部下の責任感が薄れてしまう

リーダーが150の仕事をし、
5人の部下が30の力しか発揮しない場合

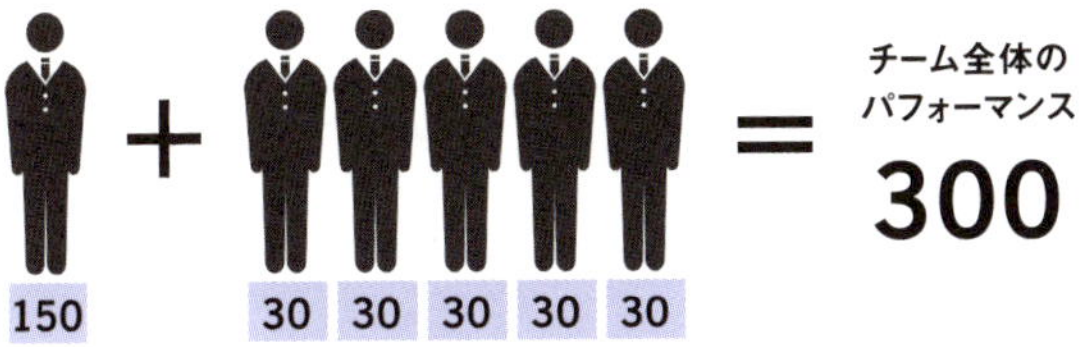

リーダーと部下がそれぞれ80の力を発揮した場合

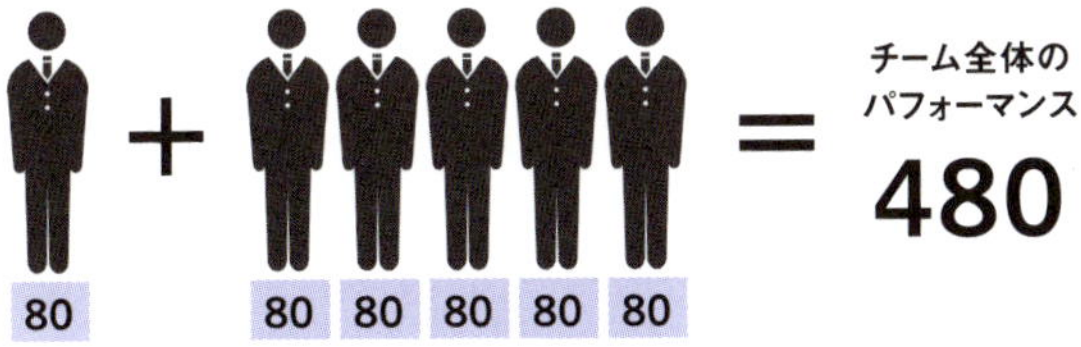

**チームのパフォーマンスを上げるには
部下の力をいかに引き出すかが重要**

2-02

部下に仕事を丸投げする

成長させたい気持ちが仇になる

▼部下を信頼しすぎない

チームのメンバーに仕事を振ってみんなにがんばってもらうのがリーダーですが、仕事の振り方で失敗するケースもあります。たとえば、「部下に成長してもらいたい」「自分が部下を信頼していることを理解してほしい」「余計な口出しをして部下のペースを乱したくない」などの気持ちから、仕事を丸投げしてすべてを任せるケースです。

多くの場合、リーダーになる人はその組織で上位の経験と能力を持っています。そのため、部下が取り組む仕事の難易度を浅く見積もりがちです。

「これくらいの仕事は簡単だ」と思って部下にすべてを任せ、ずいぶん経ってからふと思い出して「ところであの仕事どうなってる？」と聞いてみたら、ややこしいトラブルが発生していた…というケースは少なくありません。

特に、経験の浅い部下に仕事を丸投げするのは危険です。**どんなに信頼できる部下でも、最低限、定期的な進捗確認だけは怠らないようにしましょう。**

仕事を丸投げするのは危険

丸投げすると部下に過度なストレスを与えたり
トラブルにつながったりする場合がある

定期的に進捗を確認することでトラブルを防げる

2-03

わかりやすい成果だけを評価する

成果主義の注意点

▼数字として表れにくい成果を見逃さない

ビジネスでは結果がすべてといわれます。たしかに、時間と労力をかけてどんなに一生懸命取り組んでも、それが成果につながらなければ、ビジネスとしては失敗です。個人の能力や意欲を第三者であるリーダーが正確に把握するのは難しいので、最終的な結果を重視する成果主義は合理的な方法といえるでしょう。

ただし、**成果主義で部下を評価する場合は、売上高などの数字として表れるわかりやすい結果だけを評価してしまうことになりやすい**ので注意が必要です。たとえばチーム内のコミュニケーションを円滑にしてくれるムードメーカーは、職場の環境をよくするという形でチームに貢献しています。部下を評価する際は、目に見えない活躍もできるだけ考慮するように心がけましょう。

また、最終的な結果に至るまでの過程もやはり重要です。部下が正しい努力をして失敗したのなら、努力の部分も評価してあげるべきです。

部下を評価する際の注意点

わかりにくい成果も評価する

昨日、取引先と飲みにいっていたらしいな
いい関係が築けているようだな
はい! この調子
でがんばります

わかりやすい成果だけを評価していると、部下が短期的な成果だけを目指すようになってしまう

部下の努力も評価する

今回は契約にいたらなかったけど、お前のやり方は間違ってない
これからもその調子でがんばってくれ

リーダーに努力を評価してもらえれば、部下はまたがんばれる

評価の仕方で部下のやる気は大きく変わるので注意

正しく評価されれば…　　評価の仕方を間違えると…

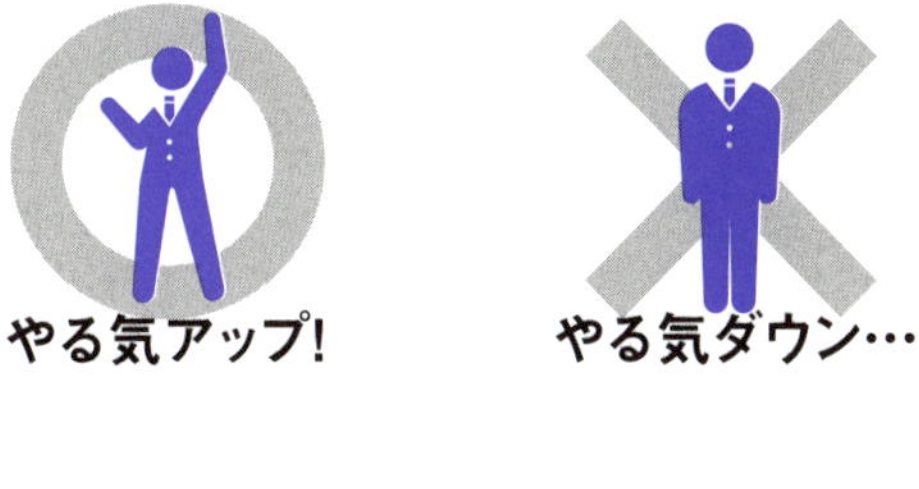
やる気アップ!
やる気ダウン…

2-04

優秀な部下にばかり仕事を振る

えこひいきは厳禁

▼常にチーム全体のことを考えよう

特定の部下をえこひいきしてはいけないというのは、だれでもわかることだと思います。しかし、頭ではわかっていても、好きな部下、苦手な部下というのはいるものですし、自然に接しているつもりが、周囲からはえこひいきに見えるということはよくあります。

また、リーダーになって間もないときはどうしても仕事のできる部下に頼りがちになってしまうものです。それが他の部下に、「あいつにばっかり仕事を振って、リーダーはえこひいきをしている」ととられる可能性もあるでしょう。

部下のスキルはそれぞれ異なりますし、能力が高い部下に大きな仕事を任せるのは当然のことですが、**他の部下をないがしろにするとやる気を失いますし、嫉妬からチーム内の人間関係に悪影響が出ることもあります**。

一度「あの人はえこひいきをする」と思われたら、信頼を回復するのに時間がかかります。リーダーの経験が浅いうちは特に注意してください。

えこひいきは他のメンバーのやる気を奪う

ひとりを特別扱いしてしまうと…

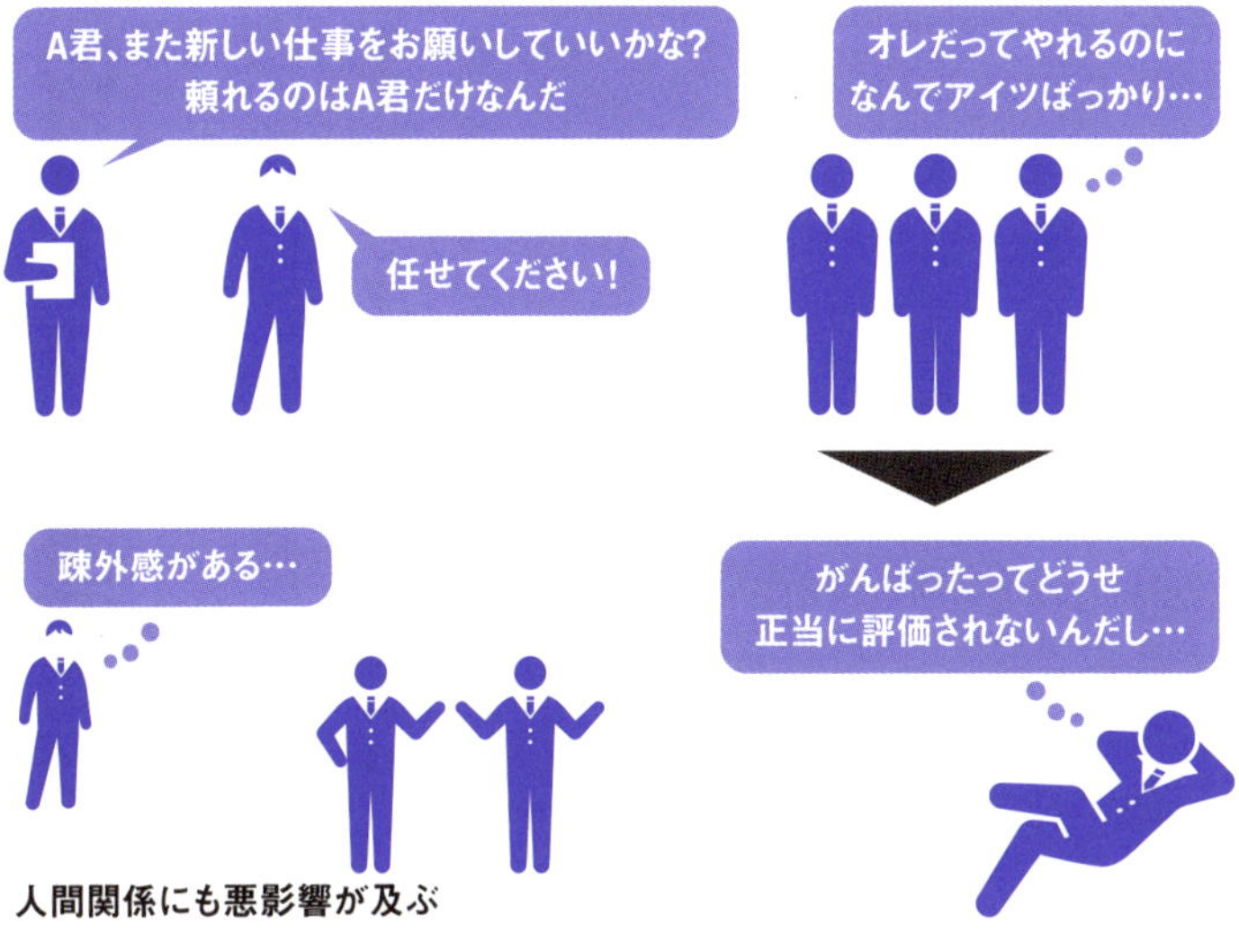
A君、また新しい仕事をお願いしていいかな?
頼れるのはA君だけなんだ
任せてください!
オレだってやれるのに
なんでアイツばっかり…
疎外感がある…
がんばったってどうせ
正当に評価されないんだし…
人間関係にも悪影響が及ぶ

メンバー全員を信頼し、それぞれの能力に見合った仕事を振ることが大事

A君はこの仕事、B君はこの仕事、
C君とD君はこの仕事をお願い
がんばります!

2-05

理想のリーダー像を無理に追い求める

がんばってもジョブズにはなれない

▼自分の資質にあったリーダー像を目指そう

憧れのリーダーの真似をしたいのにうまくいかずに悩む…、というのも新米リーダーが陥りやすい落とし穴です。自分のなかに「リーダーとはこうあるべき」という理想像があり、その姿を追い求めるのは悪いことではないのですが、その理想像と自分の能力や性格がかけ離れていたら、なるべく早く軌道修正しなくてはいけません。

多くの人が憧れるような有名なリーダーは、往々にしてその人ならではの特別な才能を持っています。どれだけがんばったところで、自分に同じ資質がなければその人みたいにはなれないのです。

自分はどんなリーダーになりたいのか、また、どんなリーダーになることができるのかをよく考えてください。

偉大なリーダーたちからは多くのことを学べますが、**その人のすべてを真似るのではなく、その人の手法や考え方などのなかから自分にあいそうな部分だけを盗みましょう。**

偉大なリーダーを参考にする際の注意点

偉大なリーダーのすべてを真似しようとする

少ない
睡眠時間
自信満々な
態度
ついていけない…
ストレートな
物言い
個性的な
言動
極端な
完璧主義

**偉大なリーダーは特別な才能を持っていることも多く
真似しようとしてもうまくいかない**

自分に役立ちそうなところだけを取り入れる

あの考え方は素敵だな
参考にしよう
あの習慣は簡単に
真似できそうだ

**偉大なリーダーのいい部分を取捨選択して
真似すれば自分の成長につながる**

2-06

部下に厳しくなりすぎる

多くを求めすぎると部下をつぶしてしまう

▼ギスギスした雰囲気はチームをダメにする

リーダーになると、自分にも部下にも多くを求めてしまうものです。部下に対して「もうちょっとしっかりがんばってほしい」という思いはほとんどのリーダーが持っているはずです。また、「なめられてはいけない」という思いから、ついつい部下に厳しい態度をとってしまうリーダーも多いのではないでしょうか。

たしかに部下に厳しく接するのは、チームの雰囲気を引き締めて部下のやる気を引き出すひとつの方法です。しかし、いきすぎると逆効果です。

リーダーが厳しすぎるチームは、全体にギスギスした雰囲気が漂い、部下が萎縮してのびのびと働けなくなります。部下が自らのミスを報告せずに隠すようになってしまう場合もあります。

部下を叱咤激励して発奮させるのもいいのですが、くれぐれもやりすぎには注意してください。部下の成長を焦らずに待つ辛抱強さもリーダーの資質だと心得ましょう。

厳しいリーダーの悪影響

リーダーが部下に厳しすぎると…

最近たるんでるぞ！
もっと意識を高く持て！
家に帰ってからも
仕事のことを考えろ！
は、はい！
がんばります！
疲れた…もうだめだ…
でもがんばらなきゃ…

部下は疲れ果て、チームの雰囲気も悪くなる

部下の成長を気長に待つことも大切

彼の能力ならもっと活躍できるはずなのに…
じれったいけど、今は何もいわない方がいいだろう

2-07

ルールや常識にとらわれすぎる

ルールを守るのは大事だが…

▼融通がきかないリーダーは慕われない

チーム内の規律を保つうえで、ルールを守ることは非常に大切です。リーダーがルールを軽視していると、部下もルールを守らなくなり、そのルールは形骸化していきます。しかし、ルールにこだわりすぎるのも考えものです。

たとえば部下が、やむをえない理由があって遅刻してきた場合、それを責めるのは間違っています。

時間厳守の意識を植え付けたいからといって、やむをえない理由で遅れてきた部下を叱責しても、チーム内の雰囲気が悪くなるだけです。当然、合理的な判断ができないリーダーだと判断され、部下の信頼を失ってしまうでしょう。

やむをえない理由か否かの判断が難しい場合もありますが、とにかく問答無用でルール違反者を罰するようなやり方は逆効果です。**細かいルールを徹底しすぎるとチームに悪影響が生じる**ことを覚えておいてください。

ルールに厳しすぎるリーダーは信頼されない

ルール違反者を問答無用で叱りつけると…

柔軟な対応ができれば部下の信頼を得られる

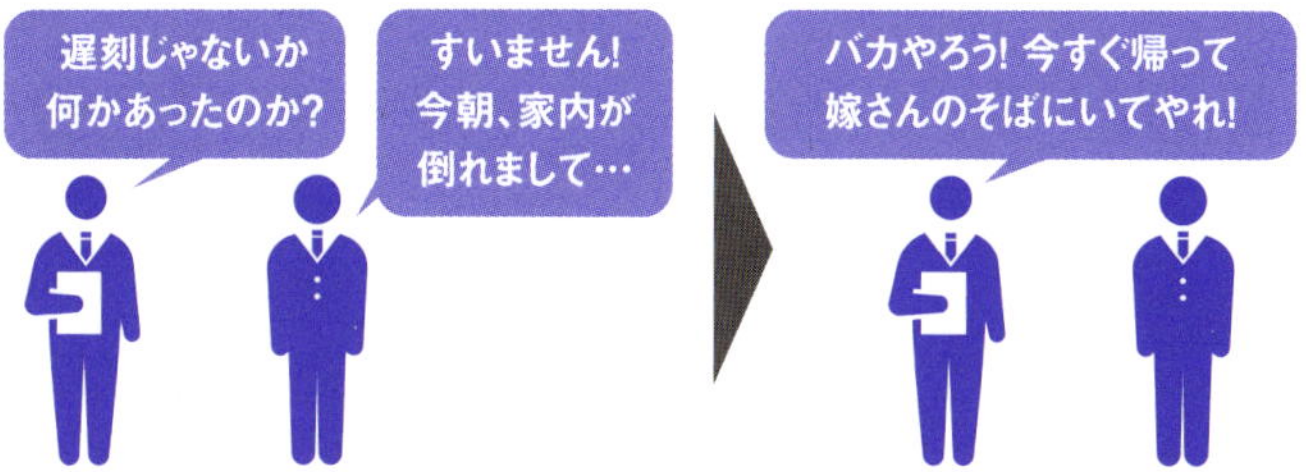

2-08

部下を手取り足取りサポートする

優しすぎるリーダーの問題点

▼部下を手助けしすぎるのも考えもの

部下に仕事を丸投げするのは危険ですが、かといって部下を手助けしすぎるのもよくありません。**部下を手取り足取りサポートすると、当然ながら仕事はスムーズに進むのですが、部下の成長が遅くなってしまいます**。「全部リーダーのいうことを聞いておけばいいや」という感じで、部下が自分の仕事に責任感を持たなくなるのは困ります。

リーダーが部下の仕事をどれくらいサポートすべきかは状況によって異なりますが、基本的には、報告や確認さえ怠らなければある程度部下に任せておいても大きなトラブルにはならないでしょう。

心配性な性格だったり、なんでも自分でやりたいタイプだったりする人は、部下の仕事に過剰に口出ししてしまいがちなので、特に気をつけたいところです。また、「いつまでたっても部下が独り立ちしてくれない…」なんて悩んでいるリーダーは、もう少し部下に仕事を任せてみてもいいかもしれません。

部下の仕事はほどよくサポートしよう

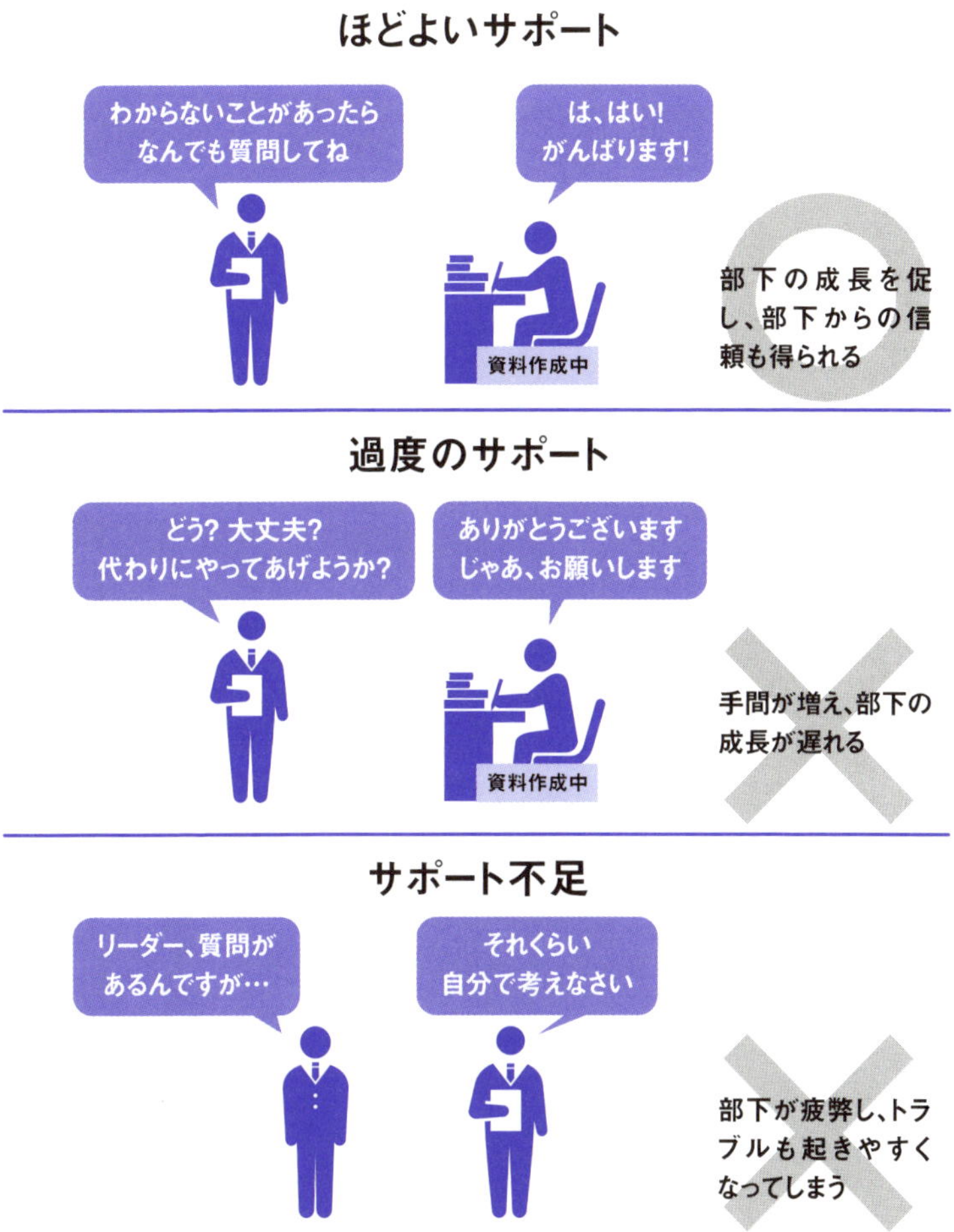

2-09

部下のミスを上司に報告しない

大きなトラブルに発展する場合も…

▼間違ったやり方で部下を守る

リーダーは部下を守るのも仕事のひとつですが、守り方を間違えてはいけません。よくあるのが、部下のミスを上司に報告しない、というケースです。

上司に報告する必要があるミスというのは、大きなトラブルに発展する可能性があるミスであり、それを隠してしまえば、当然ながら会社全体に大きな不利益を与える可能性があります。また、基本的にトラブルは時間が経つほど対処が難しくなります。すぐに対処すればなんでもないミスでも、1週間後には大問題になっている場合があります。

部下思いなのはいいことです。しかし、トラブルに発展する可能性があるミスを上司に報告するのはリーダーの義務です。

ミスの隠蔽は百害あって一利なし。ミスをした部下から「このことは秘密にしてください！」なんて懇願されたとしても、報告すべきことはしっかり報告しなくてはなりません。その上で部下のフォローやサポートに全力を尽くすのがリーダーのあり方でしょう。

部下の守り方を間違えてはいけない

部下を思うあまりミスを隠蔽する

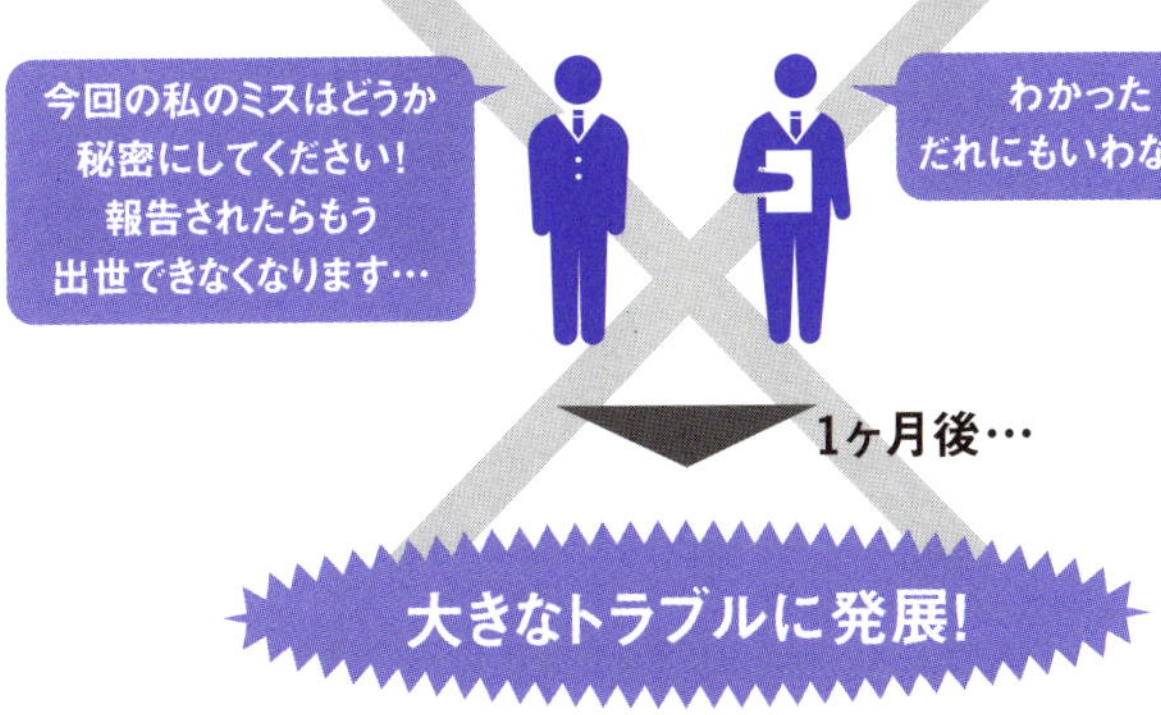

部下のミスを報告した上で
ミスをした部下のサポートに全力を尽くす

2-10

戦略をすべて自分で決めてしまう

戦略作成のコツ

▼やらされる仕事は楽しくない

チームで取り組む仕事のやり方を全部ひとりで決めてしまうというのも、新米リーダーがやりがちな失敗のひとつとしてあげられるでしょう。

仕事に取り組むメンバーとしては、戦略が細かい部分まですべて決められていると、「やらされる仕事」になってしまい、やる気が出にくくなります。

戦略を作成する際、リーダーは大枠を描くだけにとどめて、細かい部分はメンバーと話し合って決めるようにしましょう。その方がメンバーもやる気になりやすいですし、みんなのアイデアによって質の高い戦略になります。また、その戦略がうまくいったときの達成感も、戦略作成の段階からみんなで話し合った場合の方が大きいでしょう。

リーダーは、ひとりでがんばるのではなく、メンバーの力をうまく借りることが大切です。自分のなかに「これしかない！」という戦略がある場合でも、「もっといいやり方はないかな？」と、みんなのアイデアを募るようにしましょう。

戦略の細部はみんなで話し合う

リーダーが戦略をすべて決めてしまうと…

今回の仕事の戦略を説明するぞ
みんなこの通り動いてくれ

部下にとっては「やらされる仕事」になってやる気が出にくい

戦略に未定の部分があると…

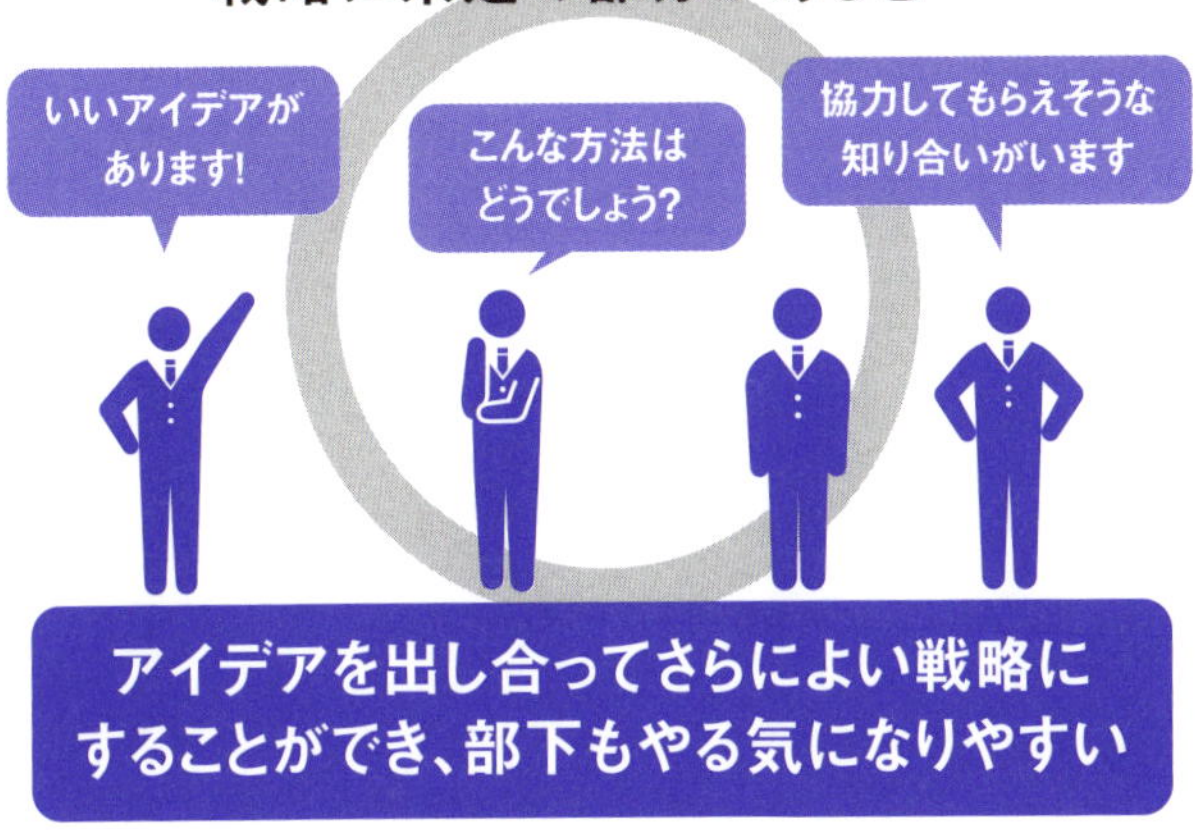
いいアイデアがあります!
こんな方法はどうでしょう?
協力してもらえそうな知り合いがいます

アイデアを出し合ってさらによい戦略にすることができ、部下もやる気になりやすい

2-11
自分の非を認めない
失敗した後の対応が大事

▼ダメなリーダーほど責任転嫁する

リーダーになると、部下にかっこ悪い姿は見せたくないものです。しかし、だからといって何か失敗をしたときに、その原因を周囲になすりつけるようなことをすれば、部下の信頼を大きく損ないます。

人間である以上、だれでも失敗はするものです。自分の悪いところは素直に認めなくてはなりません。**時には部下に頭を下げるような誠実さもリーダーには必要**です。リーダーがミスを素直に認めることは、部下がミスを恐れずチャレンジできるムードを作るためにも役立ちます。

失敗したときこそ、リーダーの器を見せなくてはいけません。うろたえたり見栄をはったりせず、冷静にミスの原因を特定し、同じ過ちを繰り返さないように対応策を練りましょう。そうすれば「ミスをしたら、こういうふうに対応すればいいんだ」と部下に学ばせることにもなります。

リーダーがミスをしたときの対応

ミスったことをだれにもいわない

×ミスを隠していたことがバレると、信頼を失う

ミスをごまかそうとする

×この場合も、真相が発覚すると信頼を失う

正直に打ち明ける

○部下がミスをしたときも報告しやすい雰囲気を作ることができる

2-12

上司と対立する

上司を敵に回すのは愚策

▼上司に目をつけられると厄介

「大きな成果を出したい！」という熱い気持ちから上司と対立してしまうリーダーも少なくありません。たとえばその会社で当たり前になっている仕事の進め方やシステムについて「こんなやり方は効率が悪すぎます」などとストレートに批判し、改善を求めるようなタイプです。

上司が「無理だ」といっているのに納得できずに真正面から意見を主張し続けると、上司と衝突することになります。これはあまり賢いやり方ではありません。

リーダーシップは「周囲の人を動かす力」だと定義しましたが、「周囲の人」は部下だけでなく上司も含まれます。上司と対立してしまうと自分の意見を聞いてもらえなくなって、上司を動かしにくくなります。

状況によっては上司との衝突が避けられない場合もあるでしょうが、リーダーとして活躍するためには、上司とはなるべくうまく付き合っていくべきです。

上司とはうまく付き合おう

コラム

何気ない一言が心に刺さる。各種ハラスメントに注意

近年、「ハラスメント」に対する意識が高まっています。ハラスメントは「いやがらせ」という意味で、ビジネスシーンでよく話題になるのは「セクシャルハラスメント」「パワーハラスメント」「モラルハラスメント」の３つです。

タバコに関連する「スモークハラスメント」や飲酒を強要する「アルコールハラスメント」、カラオケで歌うことを強要する「カラオケハラスメント」、血液型で性格を決めつける「ブラッドタイプハラスメント」という言葉もあります。

どこまでがセーフでどこからがハラスメントになるのか、というのは難しい問題ですが、リーダーは強い影響力を持っているので、無意識のうちにハラスメントを行ってしまわないように十分注意しなければなりません。

ハラスメントととられる可能性がある言動は極力避けるようにしましょう。

また、冗談がちゃんと冗談として伝わるように日頃からメンバーとコミュニケーションを図っておくことも大切です。

第3章

みんながついてくるリーダーシップの基本

3-01

前向きで正直な人は信頼される

信頼されるリーダーになるための基本条件

▼信頼を得るには人柄も大事

周囲から信頼されるリーダーになるために普段から意識したいのは、誠実で前向きな姿勢です。

誠実さは、周囲の信頼を得るために最も重要な要素といってもいいでしょう。自分の利益のために嘘をついたり、卑怯な手を使ったりするリーダーに信頼は集まりません。その人を信じてついていっても、最後に裏切られるかもしれないのですから当然です。

また、常に前向きでいることも大事です。リーダーが後ろ向きな気持ちだと、部下は頼りなさを感じます。特にチームが危機的な状況にあるときほど、ポジティブな姿勢をアピールすることが大事です。心のなかは不安や焦燥感であふれていたとしても、部下には頼もしい笑顔を見せられるリーダーになりましょう。

周囲の信頼を得ることは、リーダーシップを発揮するために不可欠な要素です。どんなときも、誠実さと前向きな姿勢だけは忘れないようにしましょう。

ポイントは誠実さと前向きな姿勢

誠実で前向きな人は信頼される

不誠実で後ろ向きな人は信頼されない

3-02

リーダーが持つパワーの種類

パワー理論

▼部下はなぜリーダーの言うことを聞くのか

リーダーは部下に命令や指示を出すポジションであり、当然ながら大きな影響力を持っています。フレンチとレイブンが提唱したパワー理論では、リーダーが部下を動かす際に働く影響力は次の5種類にわけられます。

①強制パワー……罰によって強制的に従わせる力。「アメとムチ」のムチにあたる
②報酬パワー……報酬によって従わせる力。「アメとムチ」のアメにあたる
③正当パワー……「立場的に命令を聞くのが普通」という気持ちによって従わせる力
④準拠パワー……尊敬や憧れから「この人に従おう」と思わせる力
⑤専門パワー……職務の精通度や問題解決能力の高さから「この人に従おう」と思わせる力。成熟度の低い相手には特に有効に働く

これらのパワーをうまく使い分けることができれば、思い通りに部下を動かせる優れたリーダーになれます。

リーダーが持つ5つのパワー

リーダーの影響力は5種類にわけられる

これらのパワーによって
部下はリーダーに従って動く

①強制パワー

「罰を与えることができる力」をもとにした影響力

②報酬パワー

「報酬を与えることができる力」をもとにした影響力

③正当パワー

「立場的にリーダーの指示・命令に従うのが当然」という気持ちをもとにした影響力

④準拠パワー

「あの人のようになりたい」と感じさせるような個人的魅力をもとにした影響力

⑤専門パワー

専門的な知識・技能や問題解決の高さをもとにした影響力

5つのパワーを上手に使い分けることで優れたリーダーになれる

3-03

だれにも負けない武器を身につけよう

部下の尊敬を得る

▼得意分野を見つけてそこに注力する

基本的にリーダーは部下よりも有能でなくてはいけません。「あの人は仕事ができない」なんて部下に思われてしまうと、リーダーとしては致命的です。

有能さをアピールし、部下の信頼を得るための方法として有効なのが、専門性の高い知識や技能を身につけることです。パワー理論でいうところの専門パワーを磨くわけです。もちろん仕事面でだれもが認めるような結果が残せればベストなのですが、そこまでの実績がなくても、「これに関してはだれよりも詳しい」という武器があれば信頼を得られます。

仕事面での実績に不安があり、部下の尊敬がいまひとつ得られていないと感じているなら、自分の得意分野を見つけ、その分野の知識・技能をさらに伸ばすことを目標にしてみてください。難易度の高い資格の取得を目標にするのもいいでしょう。

なお、専門的な知識・技能は技術の進歩によって陳腐化していくので、常に学び続ける姿勢が重要です。

「専門性」で信頼を得る

専門性の高い知識・技能は信頼につながる

ただし専門性には弱点もある

陳腐化する	オールマイティに使えない
時間がたつとひと昔前の知識が役に立たなくなるケースは多い。特に技術系の知識・スキルは陳腐化しやすい	専門性の高いスキルを持っていたとしても、そのスキルと関係ない分野の仕事をする場合は役に立たないことが多い

**専門性以外の要素でも
信頼を得られるようになろう**

3-04

部下の努力は上手に褒めよう

褒め方のコツ

部下を褒めることでやる気を出させるのは多くの人が実践している方法だと思いますが、褒め方にもちょっとしたコツがあります。

▼具体的に褒める

部下を褒める際の基本は、具体的に褒めることです。**「がんばったな」とか「よくやった」だけでなく、「資料作りがうまくなったな」というように、成長した部分を具体的に褒めると、相手は「ちゃんと見てくれているんだな」という気持ちになります**。また、部下の努力が成果としてあらわれたときに、時間をおかずにすぐに褒めるのも大事です。時間をおいてしまうと、相手の達成感やテンションが薄れ、褒められたときの喜びが半減します。

褒める際の場所にも気を配りましょう。みんなの前で褒めたり、あえて別室に呼び出してから褒めたりすると相手の喜びが増します。ほかには、本人ではなく仲のよい同僚などに話すのも有効です。「課長が君のことを褒めていたよ」という形で褒め言葉を聞くと、本当に評価してもらえているんだなと感じるものです。

褒め方のコツ

伝え方、タイミング、場所に気をつけよう

具体的に褒める

部下のどこを評価しているのかをしっかり伝える。具体的に褒めるためには、普段から部下のことをよく観察しておく必要がある

すぐに褒める

部下が成果を出したら、相手のテンションが冷めないうちに褒める。「後で褒めよう」と後回しにしていてもあまりいいことはない

みんなの前で褒める

みんなの前で褒めると、部下は大きな喜びを感じる。ただし特定の人ばかりを褒めると、えこひいきと思われる可能性があるので注意

第三者を通じて褒める

第三者を通じて褒め言葉を聞くと「本当に評価されている」と感じる。確実性は低いが、褒め言葉が本人に伝わったときの効果は大きい

相手の性格も考慮しよう

褒めすぎて調子に乗らせてしまったり、慢心につながったりしては逆効果。相手の性格や状況を考えながら、やる気や自信を引き出すように心がけよう

3-05

感情的に怒鳴りつける叱り方は最悪

相手を成長させる叱り方

▼改善してほしいところを冷静に伝える

リーダーは、部下を叱るのも仕事のひとつです。部下を叱る際、まず気をつけたいのは感情的にならないことです。冷静に、何がダメだったのか、次は失敗しないためにどうするべきなのかを伝えましょう。

「だからお前はダメなんだ」といった人格否定のような発言は、相手の反感をかうだけで成長につながりません。**責任を追及して相手を責めることが目的ではなく、あくまでもミスの原因を理解させて改善させることが目的であることを忘れないでください。**叱るときには必ず相手の言い分をしっかり聞きます。ミスの理由をろくに聞かず頭ごなしに叱っても部下は納得できません。また、みんなが見ている前でひとりを叱るのは必要以上に部下のプライドを傷つけてしまうので避けた方がいいでしょう。

叱ったあと、部下が落ち込んでいるようなら、食事に誘ったり、優しい言葉をかけたりしてフォローするのも大事なポイントです。

叱り方のポイント

伝え方、タイミング、場所に気をつけよう

感情的にならない

つい感情的になってしまったときは、あとで「さっきは感情的になってちょっと言いすぎてしまったな。すまん」などとフォローを入れておく

人格を否定しない

「そんな性格だからダメなんだ」といった人格否定は叱り下手のリーダーがよくやってしまうミス。余計な一言を言わないように

相手の言い分を聞く

相手の言い分を聞かないと正しく叱ることができない。もし相手の言い分を聞かず自分の勘違いで叱ってしまったら、きちんと謝ろう

みんなの前で叱らない

みんなの前で叱ると部下のプライドが大きく傷つく。注意するくらいは構わないが、叱るときはなるべく他の人がいないタイミングがいい

特定の部下だけ叱るのはダメ

ミスの多い部下に対してはどうしても叱る回数も多くなりがちだが、叱る基準は平等であるべきだ。叱りやすい部下だけ叱る、ということのないようにしたい

3-06

部下の能力を信じて期待しよう

ピグマリオン効果

▼部下の能力を信じる

ピグマリオン効果という言葉を聞いたことがあるでしょうか。これは、教師が期待をかけると生徒の成績が上がるというもので、心理学者のロバート・ローゼンタールが提唱したことから、ローゼンタール効果とも呼ばれています。

人はだれかに期待されると、うれしくてやる気が出るものです。それはリーダーと部下の関係性でも同様でしょう。

つまり、**リーダーが部下の能力を信頼し、期待していれば、部下がやる気になってチームのパフォーマンスは上がるのです。**

大切なのは本心から期待するということです。リーダーが本当に部下に期待していれば、特別なことをしなくても、普段の言動を通してその気持ちは必ず部下に伝わります。しかし、心のなかで「役に立たないやつだな」と思っていたら、いくら「君には期待しているよ」などと言っても、相手の心には響かないでしょう。

部下には期待を持って接しよう

リーダーが部下に期待している場合

**部下はリーダーの期待に応えようと
やる気になってくれる**

リーダーが部下に期待していない場合

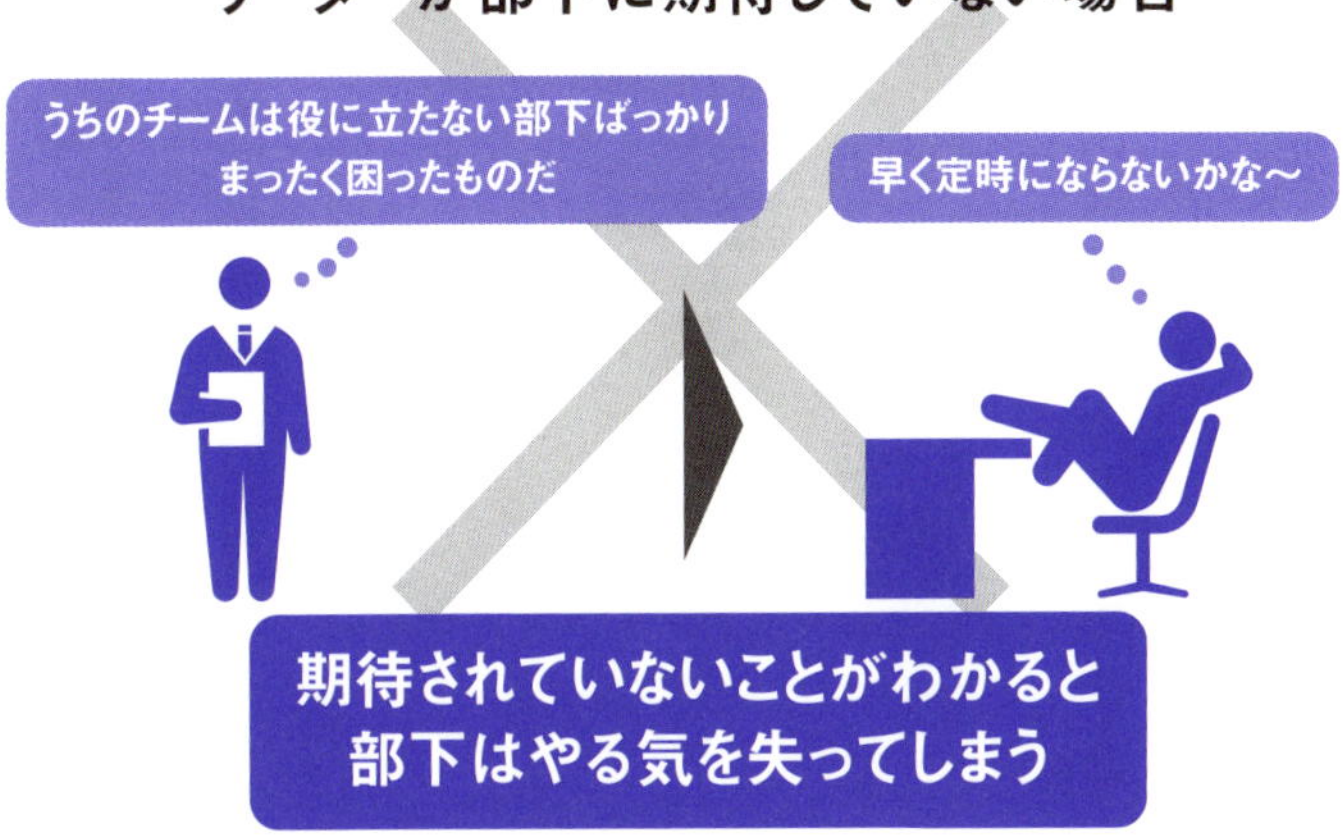

**期待されていないことがわかると
部下はやる気を失ってしまう**

3-07

自分の目標と期限を設定しよう

いつまでに何を成し遂げるか

▼リーダーとしてのモチベーションを高める

リーダーたるもの、仕事面では部下を納得させるだけの実績を残さなくてはなりません。そのためには、自分が絶対に達成したい大きな目標とその期限を設定しましょう。たとえば、「3年以内に部長に昇進する」とか、「2年以内に売り上げ30％アップを達成する」といったような具体的な目標です。

リーダーのポジションにいる人は任される仕事の量が多く、自分のなかに「これだけは何としても達成する！」という目標がないと、時間がどんどん過ぎていき、結局大きな成果を残せない、という結果になりがちです。

具体的な目標があれば、目的達成のために限られた時間を有効に使い、具体的な成果を残すことができます。ただただ目の前の仕事に一生懸命取り組むだけでは、主体的なキャリア設計ができません。部下が誇れるようなリーダーになるために、ぜひ、情熱を注げる目標を設定してください。

目標を持つことの大切さ

大きな目標があれば…

**自分が今何をすべきかが明確になり、
くじけそうになってもやる気を維持できる**

目標を持たず目の前の仕事に追われていると…

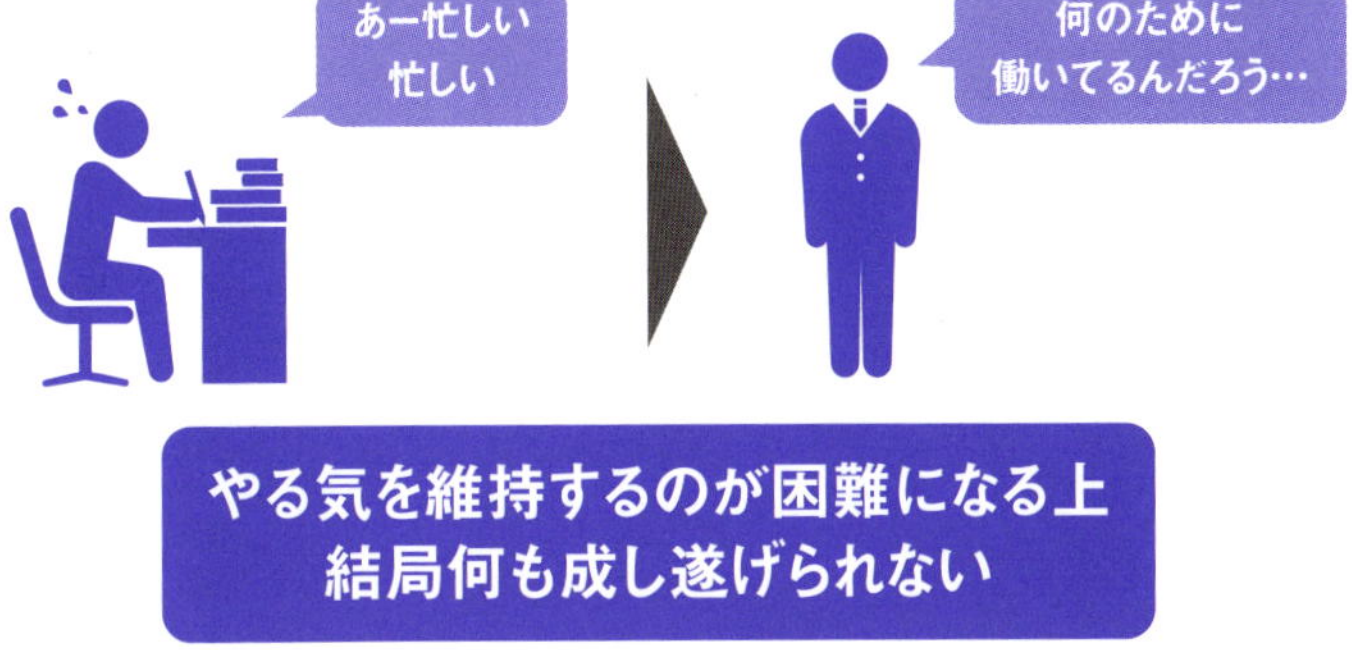

**やる気を維持するのが困難になる上
結局何も成し遂げられない**

3-08

組織を変革するための手順を知ろう

組織変革の8プロセス

▼メンバーの危機感を高めることからはじめる

リーダーはときに組織を変革しなければなりません。組織が思うように機能しなくなり、変革が求められているときこそ強いリーダーシップが必要になります。

組織を変革するためにはいくつかの段階を経なければなりません。組織変革のプロセスについてはジョン・コッターが提唱したモデルが有名です。

コッターのモデルでは、**①「緊急課題であるという認識の徹底」→②「強力な推進チームの結成」→③「ビジョンの策定」→④「ビジョンの伝達」→⑤「ビジョン実現へのサポート」→⑥「短期的成果を上げるための計画策定・実行」→⑦「改善成果の定着とさらなる変革の実現」→⑧「新しいアプローチを定着させる」というプロセスを経て変革が実現します。**

変革を実現するには大きな労力と長い時間を要します。変革を急ぎすぎると失敗する可能性が高くなるので、焦らずに、この8プロセスをひとつずつ着実に実践していくのが最も賢いやり方でしょう。

組織変革の8プロセス

① 緊急課題であるという認識の徹底
現在の状況や今後想定される問題を分析し、組織内の危機感を高める

② 強力な推進チームの結成
同志を集め、変革を主導するチームを作る

③ ビジョンの策定
変革のゴールとなるビジョンを策定する

④ ビジョンの伝達
策定したビジョンを浸透させて目標を共有する

⑤ ビジョン実現へのサポート
組織内のルールを変えるなど、変革がスムーズに進むように環境を整える

⑥ 短期的成果を上げるための計画策定・実行
短期的成果を積み重ねながら、変革を進めていく

⑦ 改善成果の定着とさらなる変革の実現
改善成果を取り入れ、新プロジェクト、新メンバーなどで変革プロセスを活性化する

⑧ 新しいアプローチを定着させる
変革によって大きな成果が出たことをアピールし、組織に変革を定着させる

3-09

正当・公平に部下を評価しよう

人事評価の際に注意すべきポイント

▼評価を誤らせる要因

部下を正しく評価するのは非常に難しいことです。客観的で公平な目で評価しなくてはいけないとわかってはいても、知らず知らずのうちに客観的な評価が入ってしまうものです。その結果、同じ部下を評価しても、ある人は90点をつけ、ある人は75点をつけるという結果になってしまいます。

複数の人の意見を参考にする、ものさしとなる絶対的な評価基準を設定するなど、正しく評価するための方策はいろいろありますが、やはり基本となるのは評価者であるリーダーが自身の評価精度を上げることでしょう。

部下の能力を見誤ってしまう主な原因として「ハロー効果」「対比誤差」「中心化傾向」「期末効果」「寛大化傾向」の5つが考えられます。これらの要因に十分気をつけていれば、部下の評価を誤ることはかなり減らせるはずです。部下の能力を正しく見極められるリーダーになりましょう。

部下を評価する際の注意点

以下の傾向に気をつけて公平な評価を心がけよう

ハロー効果

部下が突出した長所を持っている場合に、その長所と関係ない部分も優れているように感じる傾向

対比誤差

自分自身と比較して部下の能力を評価する傾向。自分の得意分野については評価が厳しくなり、苦手分野は評価が甘くなりやすい

中心化傾向

5段階評価の「5」「1」にあたるような極端な評価を避け、「3」にあたるような評価をつけやすくなる傾向

期末効果

部下の最近の行動・成果が印象に残り、対象期間全体の評価を歪めてしまう傾向

寛大化傾向

部下への思いやりや批判を恐れる気持ちから、評価が甘くなる傾向。私情を捨ててリーダーとしての責任感を持って評価しよう

3-10

リーダーにふさわしくない言動とは？

信頼を損ねるNG行動

▼信頼は一瞬で失われる

リーダーとして部下の信頼を得るのは時間のかかることです。日々の積み重ねのなかで、部下は少しずつリーダーを信頼していきます。

部下に信頼してもらうためには、リーダーにふさわしい言動を心がけ、リーダーにふさわしくない言動をつつしまなくてはいけません。

長い時間をかけてつちかった信頼も、失うときは一瞬です。そして失った信頼を回復するにはまた長い時間がかかります。

リーダーとしてふさわしくない言動のうち、特に気をつけたいものを左ページにまとめました。毎日、一生懸命仕事に取り組んでいたとしても、これらの言動を頻繁に繰り返していると、いつまでたっても部下の信頼は得られないでしょう。それどころかリーダー失格の烙印を押されてしまいかねません。リーダーにふさわしくない言動をつつしんで、着実に信頼を積み重ねていきましょう。

こんな言動はつつしもう

小さな規則を破る

ささいなルール違反を繰り返すと「いいかげんなやつ」だと思われる。自分に厳しくなろう

愚痴をこぼす

リーダーが愚痴をこぼすとチームの雰囲気が悪くなる。前向きな発言を心がけよう

部下の意見を聞かない

自分の意見を聞いてくれないリーダーにはだれもついていかない。部下の意見にはちゃんと耳を傾けよう

平常心を失う

部下は強いリーダーを求めるもの。窮地に追い込まれても、うろたえずにどっしりと対応したい

意見をコロコロ変える

発言に責任を持たねばならない。特に戦略面でリーダーが意見を頻繁に変えると部下が混乱する

感情的になる

感情的になると合理的な判断ができなくなる。熱い気持ちを見せることも大切だが、頭のなかは常に冷静に

部下を助けない

部下が困っているときはなんとしても助けなくてはいけない。「自分は自分、他人は他人」という態度はNG

上司に媚びる

上司の命令はもちろん聞かなくてはならないが、媚びへつらうのはダメ。上司のいいなりだと思われてしまう

これらの言動を繰り返すと部下の心はどんどん離れていく

3-11

チームのための努力を隠さない

謙虚すぎると誤解を招く

▼がんばっている姿を部下に見せる

リーダーは、部下の前ではかっこいい姿を見せたいと思うものです。そういった気持ちから、自分が努力している姿を部下に見せないようにしている人も少なくないはずです。何もしていないように見えて、やるべきことはちゃんとやっている、というタイプですね。

このタイプは、隠れて努力していることがそれとなく部下に伝われば尊敬されやすいのですが、それが伝わらないと、全然努力していないと誤解されてしまいます。

リーダーは、自分の努力を隠すのではなく、適度にアピールすべきです。もちろん、アピールすべきなのは自分のための努力ではなく、部下のための努力です。たとえば、自分の部下の給料を上げてくれるように上司にかけあったとして、それを本人に伝えれば、結果的に給料が上がらなくても部下は「自分のことを考えてくれているんだ」と感じます。

ただし、「自分はみんなのためにこんなにがんばっているんだ」とアピールしすぎるとおしつけがましい印象を与えてしまうので、やりすぎには注意してください。

自分の努力を適度にアピールしよう

自分の努力を隠す

△ リーダーの努力が部下に伝わらないと、信頼を損ねる可能性がある

自分の努力を過剰にアピールする

× 自分の努力を過剰にアピールすると部下に悪い印象を与えてしまう

自分の努力を適度にアピールする

○ リーダーが自分たちのためにがんばってくれていることがわかれば部下の信頼は深まる

3-12

仕事に没頭した経験がリーダーを育てる

フロー体験が成長のカギ

▼ポイントは仕事への情熱と集中できる環境

リーダーが成長するために最も役立つのは、やはり「経験」でしょう。さまざまな情報を仕入れて知識を身につけるのも大切ですが、自分の体を動かして得た経験に勝る教材はありません。

特に、「フロー体験」はリーダーを一気にレベルアップさせてくれるきっかけになります。フロー体験とは、100%完全に仕事に没頭している状態のことで、「ゾーン」とも呼ばれます。フロー体験中は雑念が一切消えて仕事が非常にはかどり、なんでもできるような心地よい感覚を覚えます。

フロー体験は「邪魔が入らない環境」で、「難しすぎず簡単すぎない適切な難易度の仕事」に集中して取り組むことで経験しやすくなります。つまり、ひとりで集中できる時間帯を作り、手を抜かずに全力で仕事に取り組むことが、素晴らしいリーダーになるための近道になるといえるでしょう。

フロー体験を積み重ねよう

フロー体験はレベルアップの大きなチャンス!

すごく集中できてる!
完璧なレポートが作れそう!
フロー体験
LEVEL UP!

適切な難易度の仕事

難しすぎず簡単すぎず、全力を出し切ってちょうど達成できるような難易度の仕事をしているときにフロー体験が訪れる。もちろん集中して仕事に取り組むことが前提

集中できる環境

同僚に話しかけられたり電話がかかってきたりして集中が邪魔される環境では、フロー体験が訪れない。ある程度集中して仕事し続けられる時間帯を作りたい

2つの条件を満たすことでフロー体験をしやすくなる

3-13

反省・分析を習慣づけよう

過去の経験を見つめ直す

▼足を止めて過去を振り返ることも大切

終わった仕事を振り返って、よかったところや反省点を考えてみることは、リーダーとして成長するために非常に有意義です。**ひとつの仕事が終わったらすぐ次の仕事にとりかかる…という感じで、ただひたすら仕事の経験を積み重ねるだけだと、失敗・成功の要因や、自分の改善点を見逃してしまう可能性があります。**

全力で前に進むばかりでなく、たまには足を止めて、過去を振り返る時間を作ってください。その際は、なるべく客観的に、いろんな角度から自分の仕事ぶりを評価してみるといいでしょう。また、現在の自分がどれだけ成長し、自分のなかの目標にどれだけ近づけているかを確認して、このままの調子でがんばればいいのか、それとも修正が必要なのかをチェックすることも大切です。

仕事の後に反省会を開いて、みんなの意見を聞いてみるのもおすすめです。自分ひとりでは気づけなかった発見があり、思わぬヒントを得られる場合があります。

過去を振り返って教訓を得よう

ひたすら仕事の経験を積み重ねるだけだと…
仕事
仕事
仕事
成長のヒントを見逃している可能性がある

反省・分析する時間を設けることで…
仕事
反省
分析
仕事
反省
分析
仕事
・なぜ成功（もしくは失敗）したのか
・他のやり方はなかったか
・全力を出せたか
・チームとして協力できたか etc
見逃していた成長のヒントを発見して
次の仕事に活かすことができる

3-14

リーダー同士の話し合いは非常に有益

リーダーシップのトレーニング

▼リーダー仲間を作ろう

リーダーシップを鍛える上で、自分以外のリーダーと話し合う機会を作ることはとても有益です。リーダーというポジションはひとつの組織にいくつもありません。そのため、わかりあえる相手がいない孤独な存在になり、ストレスや悩みを抱え込んで悶々としてしまう…というケースがよくあるのです。

リーダーのポジションについている知り合いがいれば、リーダーならではの悩みの相談もできますし、お互いに価値のある意見交換ができます。他のリーダーが何を考え、どのように働いているかを知ることは視野を広げる意味でも大切です。

また、リーダー仲間は愚痴や弱音を聞いてもらえる相手でもあり、最高の相談相手といっても過言ではありません。お互いに精進しあって、困ったことがあれば一緒に解決策を考える、そんな相手がいれば心強いですし、リーダーとして成長する上で必ずプラスになるでしょう。

リーダー同士で話し合うメリット

リーダー目線の役立つ話が聞ける

同じ立場の第三者の意見は参考になる

リーダーならではの悩みを共有できる

リーダーならではの悩みを相談し、解決策を話し合える

3-15

プライベートも充実させよう

仕事人間は視野が狭くなりがち

▼プライベートの充実は仕事にもプラス

リーダーになると、やらなくてはいけないことが増え、仕事にとられる時間が増えます。世の中のリーダーのほとんどは、きっと忙しい日々を送っていることでしょう。プライベートの時間をほとんどゼロになるまで削って、仕事に全力を尽くしているような人も多いはずです。

しかし、仕事のためにプライベートを犠牲にするのはおすすめできません。というのは、**プライベートの時間で仕事のヒントが得られることも多いからです。また、プライベートが充実していると話のネタも増え、人間的魅力もアップします。**もちろん、気分転換やストレス解消という意味でも大きな効果があります。

仕事が楽しくてたまらない、というのならプライベートの時間はなくてもいいのかもしれません。しかしそうでなければ、仕事と同じくらい、プライベートにも力を入れましょう。プライベートが充実していると、仕事にも大きなプラスになります。

プライベートな時間を大事にする

仕事にもプライベートにも全力で取り組もう

**ストレスを発散することで、仕事への情熱が湧いてくる
プライベートで仕事のヒントが得られることも多い**

プライベートを犠牲にして仕事し続けるのは大変

**ストレスが溜まり、パフォーマンスが低下する
同じ日々の繰り返しになると視野が狭くなってしまう**

コラム

目指すべきリーダー像をイメージする

自分がどのようなリーダーになりたいのかを考えることは、リーダーとして成長するためにとても重要なことです。

目指すべき理想像を見つけるためには、自分が憧れる人たちの姿が参考になります。

大企業のリーダーでも、職場の上司や同僚でも、織田信長、豊臣秀吉、徳川家康といった歴史上の人物でもかまいません。

その人たちの何が優れているのか、どこに憧れるのかを考えながら、理想のリーダー像、リーダーのあるべき姿を固めていきましょう。

また、今の自分を客観的に評価することも大切です。自分の長所、短所、性格等を考慮しながら、理想のリーダー像と今の自分を比較してみてください。そうすることで、自分が目指すべきゴールが見えてきて、自分に何が足りないのか、どうすればリーダーとして成長できるのかがわかるはずです。

単純に「理想のリーダー」を追いかけるのではなく、自分の才能や資質を考慮して「自分がなれる理想のリーダー」を思い描くことが大切です。

第４章

リーダーシップを発揮するためのチーム作り

4-01

チームで目標を共有しよう

目指すべきゴールを明確にする

▼全員の力を同じ方向に向ける

チームが成果を出すために絶対欠かせない条件のひとつが、チーム内で目標が共有されていることです。

チームの目標が共有されていれば、メンバー全員が同じ方向を向いて仕事に取り組むことができ、チームは大きな力を発揮できます。反対に、チームの目標が共有されていないと、メンバーがバラバラの方向を向いて仕事することになり、チームのパフォーマンスが低くなります。

また、目標に対する当事者意識を部下に持たせることも大切です。頭では目標を理解できていても他人事のような感覚では意味がありません。

リーダーは、すべてのメンバーが目標を理解できているかどうかを常に意識しなければなりません。**達成すべき目標を全員に理解させ、共通の目的意識を持たせることが、チームとして成果を出す第一歩といえるでしょう。**

目標を共有することの重要性

目標が共有されていないチーム
メンバーがひとつの方向に向かって進まず
チームが最大限の力を発揮できない
目標が共有されているチーム
メンバーが同じ方向に向かって進み
チームが最大限の力を発揮できる

4-02

最初の挨拶で自分の信念を示す

はじめにインパクトを与える

▼簡単な挨拶ですませるのはもったいない

リーダーになった直後、部下は「この人はリーダーとしてふさわしい人物だろうか」という目でリーダーを見ています。そんな部下の警戒を解いて、安心させ、少しずつ信頼を積み重ねていってリーダーとして認められるわけですが、そのためには最初が肝心です。

リーダー就任の挨拶は、ありきたりの言葉を述べて簡単にすませるのではなく、しっかりと自分の言葉で信念を伝えましょう。

仕事に対する自分の信念をチームのメンバー全員に対してしっかりと伝えられる場面は、意外と少ないものです。このチャンスを逃す手はありません。

場合によっては、仕事における基本的な信念を文書としてまとめ、メンバーに配布するのもいいでしょう。

最初の挨拶でインパクトを与え、「この人は今までのリーダーとは違う」と思わせられればメンバーからの信頼を得やすくなります。

リーダー就任の挨拶には力を入れよう

自分の信念をしっかり伝える

新しく課長になったAです
えー、私の信念は…
しっかりした考え方を持ってるな
どうやら本気みたいだ

**リーダーの本気度が伝わって
メンバーの見る目が変わる**

ありきたりの簡単な挨拶ですませる

新しく課長になったAです
よろしくおねがいします
ふーん

**部下が本気度を判断することができず
あまり意味がない**

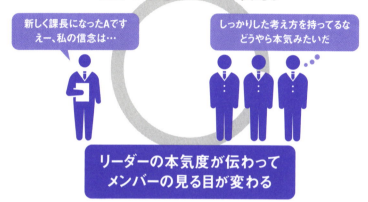

4-03

リーダーの感情がチームに影響を与える

チームの雰囲気を重視する

▼やる気があっても雰囲気が悪いチームはダメ

リーダーは、チームのメンバーだけでなく、チーム全体の雰囲気にも気を配らなくてはいけません。チームの雰囲気がよければメンバーはのびのび働けますし、雰囲気が悪ければ能力を発揮しにくくなります。

チームの雰囲気にはメンバーそれぞれの感情が反映されますが、特に大きな影響を持っているのがリーダーです。簡単にいえば、リーダーがピリピリしていればチームは緊張感のある雰囲気になりますし、リーダーがニコニコしていると穏やかな雰囲気になります。

注意したいのは、やる気の有無とチームの雰囲気の良し悪しは必ずしも一致しないということです。やる気があっても雰囲気がギスギスしている、あるいは、やる気はないけど雰囲気はいい、ということはよくあります。

やる気の有無だけに注意して、チームのネガティブな雰囲気を放置することのないようにしましょう。

チームの雰囲気は大切

雰囲気がいいチーム

**メンバーがのびのびと働き
高いパフォーマンスを発揮できる**

雰囲気が悪いチーム

**メンバーはストレスのなかで働くため
やる気があっても成果につながりにくい**

4-04

ポジティブな解釈を心がけよう

前向きな空気を作る

▼物事の良い面を見る

チームの雰囲気を壊さないために心がけたいのは、物事の良い面を見ることです。物事には必ず良い面、悪い面があります。悪い面ばかりを見ているとイライラしてしまいますし、リーダーのイライラはチームにも伝染します。

たとえば、口数が少なく内向的な性格の部下がいたとしましょう。その部下の性格は、「暗い」「コミュニケーション能力が低い」とネガティブに捉えることもできますが、「真面目」「落ち着いている」などとポジティブに捉えることもできます。

同じ物事でも、見方によって意味が変わってきます。ネガティブに思える事柄でも、ポジティブな捉え方ができないか考えてみてください。部下と話すときもなるべくポジティブな言葉を使うようにしましょう。

どんな物事でもポジティブに捉えられるリーダーは部下にとって頼もしいものですし、チームを明るくする力があります。

ポジティブな解釈がチームを明るくする

一見ネガティブに思える物事についても
なるべくポジティブな解釈を心がけよう

無口な部下

- ネガティブな捉え方：暗い
- ポジティブな捉え方：落ち着いている

難しい案件

- ネガティブな捉え方：やっかいな仕事
- ポジティブな捉え方：成長のチャンス

客からのクレーム

- ネガティブな捉え方：トラブルの種
- ポジティブな捉え方：改善のヒント

職場が停電になった

- ネガティブな捉え方：業務に支障をきたす
- ポジティブな捉え方：休憩する時間ができた

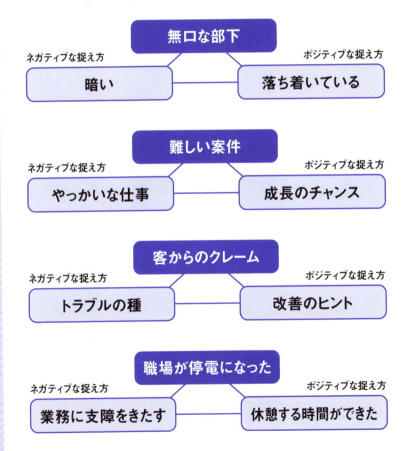

4-05

仕事のやり方は具体的に教えよう

「見て覚えろ」では部下は育たない

▼上司のやり方を盗んでくれるのは一部の部下だけ

部下の教育に関して、「俺のやり方を見てどんどん盗め」というスタンスのリーダーがたまにいますが、これはあまりおすすめできません。リーダーにしてみれば「いちいち説明しなくても見ればわかるだろう」ということなのでしょうが、上司や先輩のやり方を注意深く観察して勝手に成長していってくれるのは、要領のいい一部の部下だけです。

多くの部下は自分の仕事に手一杯で他の人のやり方を見ていませんし、上司のやり方を見て真似ることができたとしても、「なぜ上司がそのやり方をしているのか」が理解できていないことがあります。

仕事のやり方は、具体的に説明しなければいけません。自分のやり方をお手本として見せるのはそのあとです。

また、説明したあとは、理解できたかどうかを口頭で確認し、最後に実際に本人にやらせてみて問題がないかを確認しましょう。

いい教え方とダメな教え方

「俺のやり方を見て盗め」というスタンス

**仕事のやり方を言葉で伝えないと
要領のいい部下しか育たない**

具体的に言葉で説明して、そのあとお手本を見せる

**仕事のやり方を具体的に教えれば
要領の悪い部下でもちゃんと成長していく**

4-06

部下に自信を植え付けるには？

人材育成の基本

▼成功体験が自信のもとになる

チームのパフォーマンスを上げるには、部下に自信を持たせることも重要です。自信がある人はリスクを恐れず積極的に行動でき、自分の能力を発揮しやすくなります。しかし自信がないと、失敗を恐れてリスク回避ばかりを考え、能力を発揮できません。

部下に自信を持たせる方法はいくつか考えられますが、結局は経験をつませることにつきます。**成功体験を積み重ねることで、部下は自分の能力に対する自信を深めていきます。**

もちろん、部下が成果を出したときにはしっかり褒めてください。

また、本人が自分の長所を活かせていないようなら、「お前はこの能力が優れているな」と指摘して、その能力をさらに伸ばすように促しましょう。他の人より優れた武器を持つことも自信につながります。

部下に自信を持たせるのは時間のかかる作業なので、焦らずに気長な姿勢で取り組みましょう。

部下に自信を持たせる方法

成功体験を積ませる

成功体験は自信につながるが、成功させたいあまりリーダーがサポートしすぎると、本人の達成感が薄れるので注意

成果を出したら褒める

部下が成果を出したらしっかり褒める。リーダーに能力を認められることが自信につながる

長所を伸ばさせる

「これだけはだれにも負けない」というものがあれば、自信を持つことができる

4-07

フリーライダーを作らないためには？

フリーライダーがもたらす悪影響

やる気を失った部下がフリーライダーになる

フリーライダーはチームのパフォーマンスを下げ、リーダーを悩ませる存在です。フリーライダーは「チームの成果にタダ乗りする人」のこと。要するに、給料に見合う働きをせずに手を抜いている人のことです。

せっかくひとつの目標に向かってチームの士気が高まっていても、前向きな姿勢を見せないフリーライダーがいると、みんなのやる気に水をさされてしまいます。

また、フリーライダーが何もせずにおいしいところだけを持っていく姿を見ていると、他のメンバーは一生懸命努力するのがバカらしくなります。その結果、「自分も手を抜こう」と考え、どんどんフリーライダーが増えていくのです。

フリーライダーを作らないためには、部下との信頼関係を築き、それぞれのメンバーに適切な仕事を与えることが大事です。フリーライダー自身ではなく、フリーライダーが生まれる環境に問題があると考えて対応しましょう。

リーダーを悩ませるフリーライダーの存在

フリーライダーがいると…

チームの士気が下がる

他のメンバーも
フリーライダーになってしまう

フリーライダーを作らないために注意すべきこと

部下との信頼関係を築く

仕事を適切に割り振り
努力を公平に評価する

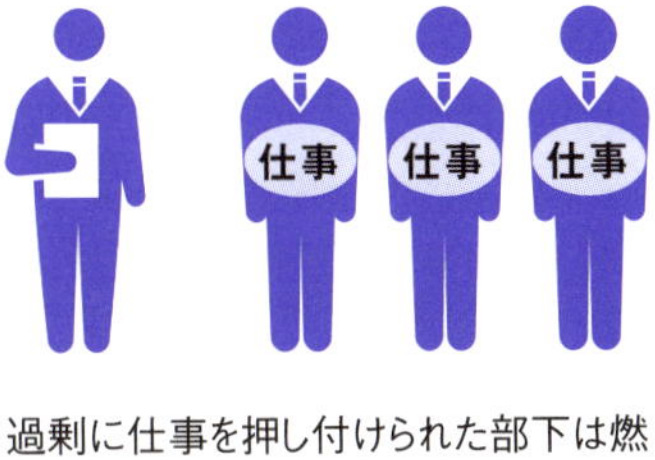

部下がリーダーを信頼していないと、努力しても意味がないと感じ、フリーライダーになってしまう。部下との信頼関係を築き、努力しがいのある環境を作らなくてはならない

過剰に仕事を押し付けられた部下は燃え尽き症候群になってフリーライダー化する可能性がある。また、仕事が少なすぎる部下もやる気を失ってフリーライダー化してしまう

4-08
メンバーは少人数のグループにわけよう
社会的手抜きを減らす

▼「社会的手抜き」への対策

フリーライダーを減らすには、チーム内にいくつかの小さなグループを作るのも有効です。「社会的手抜き」という言葉を聞いたことがあるでしょうか。これは集団で共同作業をする際に、個人の仕事量がひとりで作業する場合と比べて減ってしまう現象のことで、集団の人数が増えれば増えるほど、ひとりあたりの仕事量が減るといわれています。

いいチームを作る上では、この社会的手抜きの影響をいかに減らすかが重要なポイントです。

チーム内のメンバーを複数のグループにわけることは、この社会的手抜きに対する最も基本的な対策といえます。

チームが大きくなってメンバーの数が増えてくると、どうしても手抜きが発生してしまう…、それならば小さなグループを作って、一集団あたりの人数を減らせばいい、というわけです。

チーム内に少人数のグループを作る

チームの人数が増えれば増えるほど…

社会的手抜きが発生しやすくなる

チーム内に小さなグループを作れば…

一集団あたりの人数が減って
社会的手抜きが起こりにくくなる

4-09

部下の願望にあった仕事を与えよう

モチベーションの源泉

▼自分の願望と一致する仕事なら自然とやる気が出る

部下のやる気を引き出すには、相手の心の中にあるモチベーションの源を知る必要があります。つまり、部下の心の中にある「こうなりたい」「こんな仕事がしたい」という願望を把握するということです。

たとえば「出世してお金持ちになりたい」という人もいれば、「やりがいのある仕事をしたい」という人もいるでしょう。そういった願望にあった仕事を与えられれば、部下は自然とやる気になります。

もちろん部下の願望に一致する仕事はそうそうありません。しかし、**一見つまらない仕事に思えても、考え方によっては部下の願望に結びつけることができます**。「大きな仕事がしたい」という願望を持っている部下に簡単な仕事を任せるときには、「こういう小さな仕事を完璧にやって少しずつ信頼を積み重ねることで、大きな仕事が回ってくるようになるんだ」といえばいいのです。

部下の願望をくすぐってやる気を出させる

部下の願望を叶える仕事を与えられれば最高

どんな部下でも
「やりたい仕事」には本気を出す

願望に一致する仕事がない場合は…

部下の願望を叶えるために
役立つ仕事を与える

4-10

部下を本気にさせる力ギは「MVP」

カッツェンバックによる5つの視点

▼使命感やプライドを刺激する

アメリカの経営学者であるジョン・カッツェンバックは、やる気を引き出すためのポイントとして、次の5つを挙げています。

①**プロセスと尺度の明確化**……成果を出すためのプロセスや、評価の尺度が明確にされる
②**認知および賞賛**……仕事の価値を認められて褒められる
③**個人による成長実感**……自分が成長していることを感じられる
④**起業家精神**……自分が作った仕事だと感じられる
⑤**MVP**……「ミッション」「バリュー」「プライド」から大きなやる気が生まれる

このなかでも特に大きな力を持っているのが⑤のMVPです。チームのメンバーが仕事に大きな意義を感じ、使命感や誇りを持っていれば、どんな困難も乗り越えられるでしょう。難しいプロジェクトに取り掛かる際には、その仕事の重要性や意義を語り、メンバーの使命感や誇りを刺激するのが有効です。

カッツェンバックによる
やる気を引き出す5つのポイント

①プロセスと尺度の明確化	仕事の範囲と評価基準をはっきり設定する。どこまでやればいいかわからない状態だとやる気は出ない
②認知および賞賛	努力してもだれにも認めてもらえなかったら、当然やる気は失われる。部下のがんばりを見逃さないように注意
③個人による成長実感	仕事を通じて自分が成長していることが感じられれば、「もっと成長したい」という前向きな気持ちで仕事に取り組める
④起業家精神	立ち上げ当初から深く関わるなどして、「自分が作った仕事」だと感じられればやる気になる。他人の仕事には本気で取り組めない
⑤MVP	MVPはMission、Value、Prideの頭文字。仕事に大きな価値を感じ、使命感や誇りがあると、非常に強いやる気が生まれる

4-11 内発的動機付けをうまく利用しよう

外発的動機付けと内発的動機付け

▼内発的動機付けで働く部下を増やす

部下のやる気を引き出す方法は、外発的動機付けと内発的動機付けの2種類に分けることができます。

外発的動機付けは、外部から与えられる報酬や罰などによる動機付けです。内発的動機付けは、仕事をすることで得られる楽しさや満足感による動機付けです。

2つのうち、重視したいのは内発的動機付けです。外発的動機付けによるやる気は短期間で薄れてしまうのに対し、内発的動機付けによって生まれるやる気は長持ちします。また、内発的動機付けの場合は部下が主体的に仕事に取り組むため、ストレスが溜まりにくく、チームの雰囲気もよくなるのです。

リーダーは、2つの動機付けをうまく使い分けて部下のやる気を引き出しましょう。特に、仕事の面白みを伝えるなどして、内発的動機付けで働く部下を増やすことができれば、チームにとっても大きなプラスになります。

内発的動機付けと外発的動機付け

内発的動機付け

仕事をすることで得られる楽しさや喜びに基づいた動機付け。外発的動機付けよりも長期間持続する

外発的動機付け

報酬や懲罰に基づいた動機付け。内発的動機付けよりも持続性がなく、短期間で弱まってしまう

内発的動機付けでは部下が自主的に仕事に取り組む

仕事が楽しい!
もっともっとがんばろう!

外発的動機付けでは仕事に楽しさを見出せない

納期までに間にあわなかったら課長にどやされる!

リーダーは内発的動機付けを使って部下のやる気を引き出すように心がけよう

4-12

報酬がマイナスに働くこともある

アンダーマイニング効果

▼外発的動機付けによってやる気が弱まる

努力した人に対して報酬を与えるのは、やる気を出させる基本的な方法のひとつです。報酬を得た人自身のやる気が高まるのはもちろんですが、努力が報われることがわかれば他のメンバーのやる気も高まります。

ただし、内発的動機付けで働いているメンバーにとっては、報酬がマイナスに作用するケースもあるので気をつけなくてはいけません。**「仕事が楽しいから」という理由で働いている人に、むやみに報酬を与え続けると、そのうちに報酬のために働くようになってしまう可能性があるのです**。このように、内発的動機付けによる行為に対して外発的動機付けを行うことで、やる気が弱まってしまう現象をアンダーマイニング効果といいます。

内発的動機付けで仕事に取り組んでいる人は、放っておいても能力を発揮してくれます。がんばり続けてほしいという思いから褒める回数を増やしたりすると逆効果になる場合があるので注意してください。

アンダーマイニング効果

内発的動機付けで働いている部下に…

むやみに報酬を与え続けると…

やる気が失われてしまう

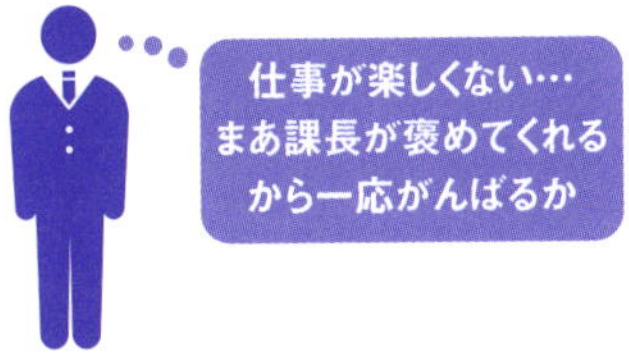

4-13 同調行動と集団極性化に注意を払う

集団行動の特徴

▼集団になると行動が変わる

チームをまとめる役割を持っているリーダーは、複数の人間が集まって集団になった場合、どういう行動をとりやすくなるのかを知っておく必要があります。特に、**チームのパフォーマンスを低下させる要因として覚えておきたいのが、同調行動と集団極性化です。**

同調行動は、集団の圧力によって、少数派が多数派の意見にあわせることです。たとえばチーム内のほとんどが間違った方向に進んでいると、残った少数のメンバーは間違いを指摘しにくくなります。集団極性化は、集団で意思決定する場合に、意見が偏りやすくなる傾向のことです。集団極性化にはリスキーシフトとコーシャスシフトの2つがあり、リスキーシフトは意見がよりリスキーな方向に偏ること、コーシャスシフトは意見がより無難な方向に偏ることを指します。

リーダーは同調行動と集団極性化の危険性をしっかり認識し、チームが間違った方向に進まないように注意しなくてはなりません。

同調行動と集団極性化

同調行動

ゴール
ゴールは
あっちだー!
あれ、ゴールはこっちじゃないの?
…まあいいか、みんなについていこう

**集団の圧力によって少数派が
多数派の意見にあわせる**

集団極性化

リスキーシフト	コーシャスシフト
リスキーな方向へ意見が偏る	無難な方向へ意見が偏る

**無難な意見を持つ人はより無難な方向へ
リスキーな意見の人はよりリスキーな方向へ意見が偏る**

4-14

会議は少人数・短時間で終わらせよう

ダラダラ会議は百害あって一利なし

▼効率のよい会議を行おう

ダラダラと何時間も会議を行って、結局何も決まらなかった…という経験はないでしょうか。このようなダラダラ会議をなくすことができれば、仕事の効率はぐっとよくなるでしょう。

会議は、少人数・短時間で終わらせるのが基本です。**人数が多くなればなるほど意見をまとめるのに時間がかかりますし、会議の時間が長引くとメンバーの集中力が低下して、いいアイデアが出なくなります**。また、「そろそろ終わらせたい」という気持ちから、つまらない無難な意見が最終的に採用されてしまったりするのです。

会議を行うときには意思決定を行うために必要最低限のメンバーだけを集めましょう。また、最初に会議の終了時間をはっきり伝え、その終了時間を厳守することで、時間に対するメンバーの意識と集中力を高めることができます。会議室の机の上に大きめの時計を置いておいたりするのもいいでしょう。

会議の効率を上げよう

少人数・短時間を心がけよう

余計な人を呼ばない

「一応呼んでおくか」というレベルの人まで呼んでしまうと、意思決定にかかる時間が長くなる。意思決定に必要な参加者を厳選する

終了時間は厳守する

事前に決めた終了予定時間通りに終わらないことが多くなると、「どうせ延期するんだろう」という気持ちからダラダラした会議になる

こんな会議はダメ会議

会議の目的が曖昧

何を決める会議なのかが明確でなければ、具体的な意見は出てこない。会議の目的が曖昧なまま参加する人がいないようにする

リーダーばかり発言する

いい会議にしようという気持ちからリーダーが発言しすぎると、他の参加者の当事者意識が薄れ、いい意見が出てこなくなる

会議の効率を上げればチームが変わる!

4-15

残業ゼロのチームを目指そう

効率のいいチーム作り

▼全力で働いて定時に帰る

あなたは1ヶ月のうち何日くらい残業をしているでしょうか？　効率のいいチームを作るために、ぜひ実践してもらいたいのが残業時間の削減です。残業を減らすと仕事が回らなくなる…と思う人もいるかもしれませんが、まずその考えをあらためてください。

残業が当たり前になっていると、「どうせ残業するんだから」という気持ちから、ダラダラした時間が増えてしまいがちです。午前中はウォームアップで、昼過ぎにようやくエンジンがかかり、夕方くらいにようやく本領を発揮する…という感じで働くくらいなら、定時に帰ってぐっすり眠り、翌日の午前中から集中して仕事に取り組んだ方が、効率はずっと上がります。

残業を減らすためには、「定時帰宅はいいこと」という価値観を浸透させるのが有効です。定時に帰る部下が残っている部下に対して申し訳なさを感じるようではいけません。リーダー自ら定時帰宅を実践し、残業ゼロのチームを目指しましょう。

残業が当たり前のチームと残業ゼロのチーム

残業が当たり前のチーム

残業を前提に働くため
ダラダラした時間が増えてしまう

残業ゼロのチーム

限られた時間のなかで仕事を片付けなくては
いけないので、集中して仕事に取り組む

4-16

多彩なメンバーが集まったチームは強い

「変わり者」を大事にしよう

▼変わり者はチームを活性化してくれる存在

その組織特有の文化や価値観を共有しているチームは、まとまりが強く、素晴らしいように感じるかもしれません。しかし、そういったチームは柔軟性に欠け、独創的なアイデアが出にくいという面もあります。また、たとえば改善の余地があるルールや慣習があっても「当たり前のもの」として引き継がれていくケースが多々あります。

多彩な価値観のメンバーがいるチームでは、さまざまな意見が出ます。**価値観の違うメンバー同士の議論がきっかけとなって、素晴らしい商品が生まれたり、現状の制度・慣習が改善されたりするのです。**

したがって、異質な価値観を持った変わり者は、チームを活性化する存在として歓迎すべきです。そのためには、リーダーがその部下の個性を認め、積極的に仕事を任せなくてはいけません。「彼の個性を矯正する必要はない」という姿勢を示すのです。リーダーが認めていることが他のメンバーにも伝われば、変わり者の個性がつぶされることはなくなります。

リーダーが率先して変わり者を歓迎する

リーダーが変わり者の能力を認めることで…

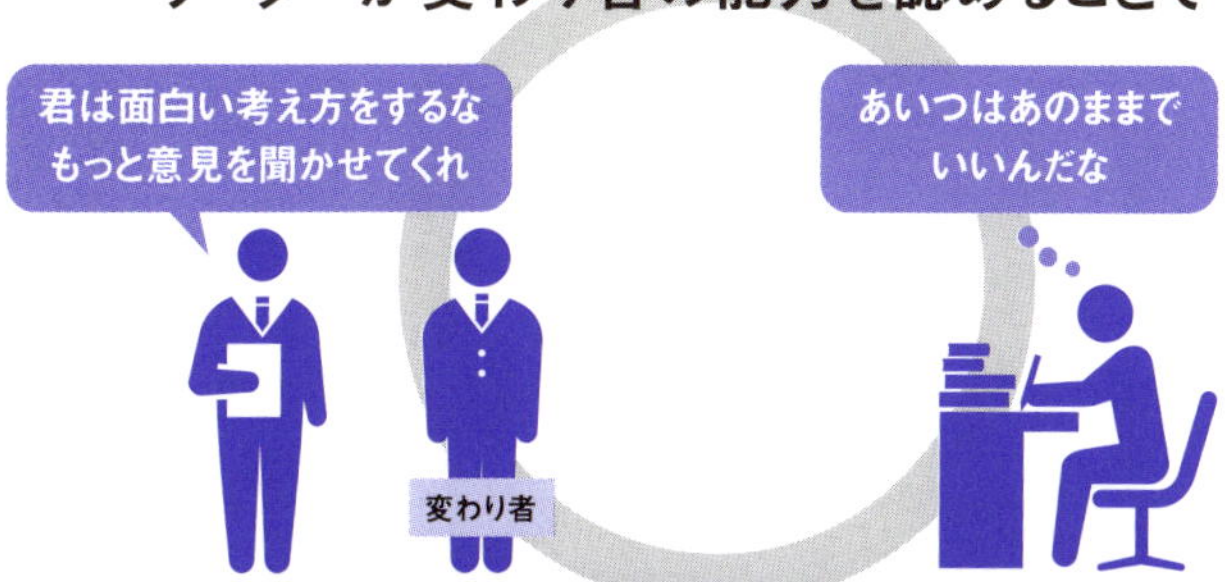

**他のメンバーも変わり者を認め
チームの活性化につながる**

リーダーが何もせずにいると…

**変わり者は個性をつぶされ
他のメンバーと同じ価値観に染められてしまう**

4-17

仕事を振るときは必ず期限を決めよう

締め切りがないと効率が落ちる

▼簡単な仕事ほど締め切りの設定を忘れがち

チームが効率よく動くようにするには、仕事に締め切りを設けることも大切です。「いつまでにやる」という期限があると部下の集中力が高まります。締め切りがないと、仕事に取り掛かるのが遅くなったり、なんとなく集中力に欠けた状態で取り組んでしまったりするケースが増えてしまいます。

仕事に期限を設けるのは基本中の基本といえますが、簡単な仕事だとついつい「これやっといて」の一言で任せてしまいがちです。簡単な仕事ほど、短時間で集中してさっさと片付けるべきで、それが徹底できればチームの効率はぐっと上がります。

「これやっといて」を「これ、明日の夕方までにやっといて」にするだけで、その仕事に対する部下の取り組み方は変わります。簡単な仕事でもしっかり締め切りを伝えるようにしましょう。もちろん、ある程度時間がかかる仕事の場合は、部下のスケジュールを確認し、無理せず終わらせることができる適切な日時を設定してください。

締め切りの有無で取り組み方が変わる

締め切りがない仕事

そういえば課長にレポート
出さなきゃいけないんだった
ま、今日はやらなくていいか

**「明日やろう」と後回しにされやすく
結局、終わらせるまでに無駄な時間がかかる**

締め切りがある仕事

そういえばレポートの期限が
もうすぐだ。そろそろやらないと
間に合わなくなるな

**締め切りによって義務感や緊張感が強まり
仕事を片付けるまでの時間が早くなる**

4-18

目標はギリギリの位置に設定しよう

目標設定の考え方

▼目標の難易度によって部下のやる気が変わる

部下のやる気は、目標の難易度によっても左右されます。たとえば、目標が難しすぎると「どんなにがんばっても達成できるわけがない」と感じて、やる気が出ません。また、目標が簡単に達成できるレベルのものでも「全力でやらなくても大丈夫だ」と感じてやる気が出ないでしょう。

目標の難易度は、部下の能力に見合った適度なレベルに設定するのがベスト…だと思うかもしれませんが、実はそうとも限りません。「手を抜かず普通に取り組めば達成できる」くらいの目標だと、大きなやる気を引き出すところまでいかないのです。

一番やる気が出るのは、全力で努力してやっと達成できるくらいの難易度の目標です。このような目標を「ストレッチ目標」といいます。「普通にやればこれくらいはできるだろう」というレベルの少し上に目標を設定するのが、部下のやる気を引き出し、どんどん成長させるためのポイントといえるでしょう。

目標の難易度とやる気

ストレッチ目標で部下のやる気を引き出そう

簡単すぎる目標

やる気…低

難しすぎる目標

やる気…低

適度な目標

やる気…中

ストレッチ目標

やる気…高

「適度な目標」からもう少し難易度を上げると最も高いやる気を引き出すことができる

4-19

ＰＤＣＡで仕事の質を上げていこう

効率アップの基本

▼仕事のやり方を評価・改善する

効率よく成果につながる業務プロセスを構築するのもリーダーの仕事のひとつです。プロセスが間違っていると仕事の効率は大きく下がってしまいます。

業務フローを改善するために役立つのがＰＤＣＡサイクルです。ＰＤＣＡは「Plan（計画）」「Do（実行）」「Check（評価）」「Action（改善）」という4ステップを繰り返して業務効率を上げていく手法です。

要するに、**リーダーが中心となって戦略・戦術を立て(Plan)、チームで戦略・戦術を実行。そして、仕事のやり方に問題がなかったかを振り返って評価・確認し、問題点が見つかったら改善して次の戦略・戦術策定に活かす**、ということです。

ＰＤＣＡの4ステップのどれかが欠けていると、問題のある業務フローが改善されずに繰り返されてしまいます。特にCheckやActionのステップはおろそかにされやすいので注意してください。

PDCAを意識する

業務効率を上げるための4つのステップ

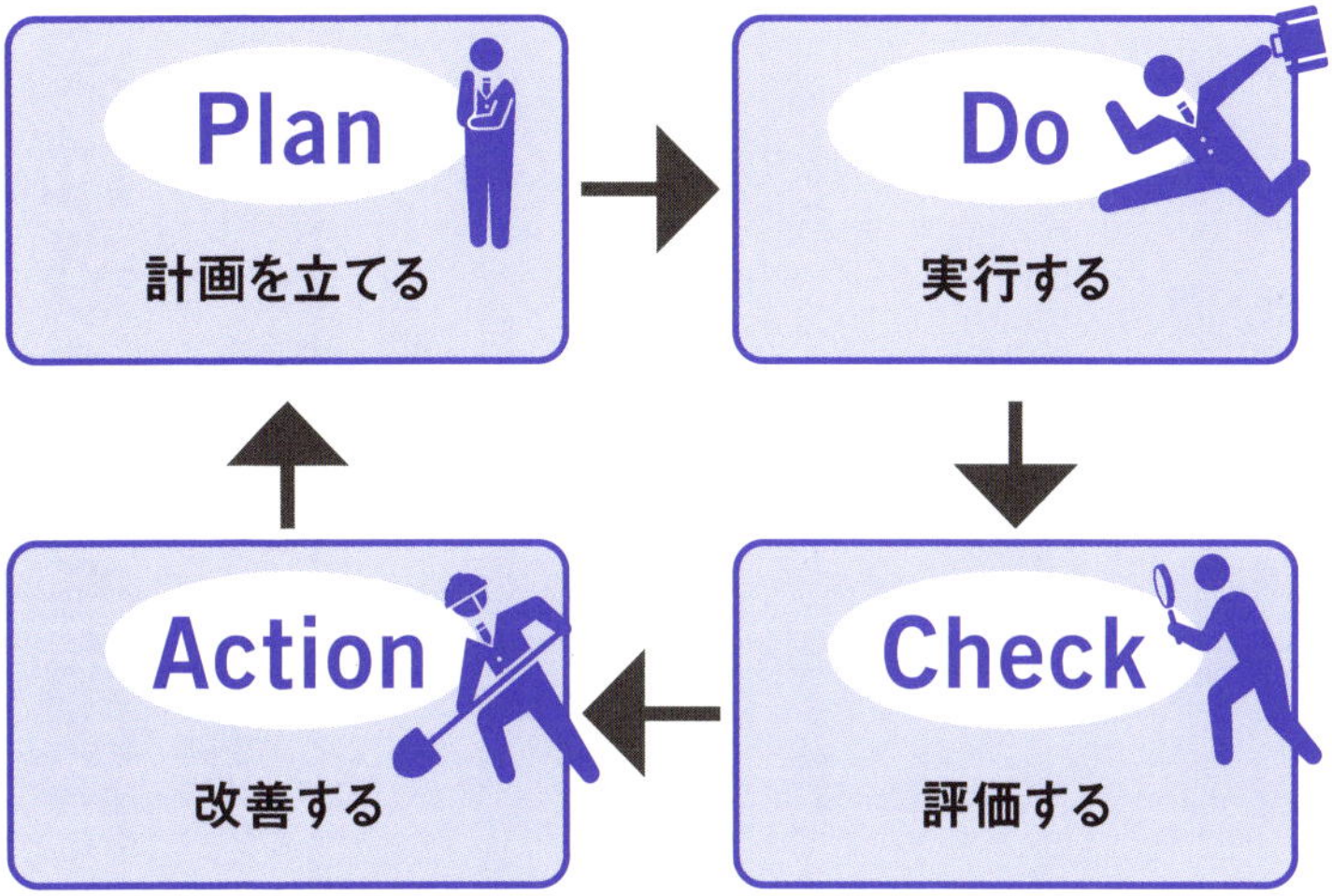

大切なのはCheckとAction

「Plan」と「Do」をひたすら繰り返すだけでは
なかなか効率がアップしない

4-20

多数決は最後の手段にしよう

チームで話し合うときに気をつけることは？

▼全員が納得する結論を目指す

チームで話し合って何かを決める場合は、みんなが納得できる結論を出すようにしましょう。その結論に納得していないメンバーがいると、話し合いで決まった役割が実行されないなど、後々トラブルになります。

たとえば、意見が割れたときに多数決で結論を決めてしまうと、少数派の意見が無視されるので、不満が残ってしまいます。**安易に多数決を使わず、できるだけ話し合いで結論を出すようにしましょう。**

また、全員の意見を平等に評価するのも大切です。リーダーやベテランメンバーの発言が他のメンバーの発言より重視されるケースがよくありますが、発言者にとらわれずあくまでも意見の良し悪しを評価しなくてはなりません。

全員が自分の意見をいえるように話しやすい雰囲気を作ったり、発言が少ないメンバーに話を振ったりすることも大事です。

全員が納得できる結論を出すためのポイント

自分の意見を強引に押し通すのはNG

全員の意見を聞く

特定のメンバーばかりしゃべる状況はあまり好ましくない。自分の意見をはっきり述べていないメンバーがいたら、「A君はどう思う?」などと話を振る

意見を公平に評価する

ベテランメンバーの意見も新人の意見も平等に評価しなくてはならない。だれが発言したかではなく、意見の内容を重視するように心がけよう

多数決で決めない

多数決は平等な決め方ではあるが、多数派の意見が常に正しいとは限らない。また、少数派の意見は問答無用で否定されてしまうので、不満が残りやすい

最後に異論がないか聞く

チームで話し合って結論が出たら、最後に必ず「反対意見がある人はいない?」などと聞いて、全員がこの結論に納得していることを確認する

安易に多数決を使うと結論に不満を感じるメンバーが出てしまう

4-21

ライバルを作るとやる気が増す

競争相手を意識させる

▼競争心を刺激する

経験を積んでメンバーが力をつけ、チームがうまく回るようになってくると、部下の意欲が薄れてしまう場合があります。仕事の力を十分身につけたことで、「どんどん成長したい！」という気持ちが失われてしまうのです。

こういう場合に有効なのが、「君のライバルは山田くんだな」などといって、ライバルを意識させることです。

「あのチームに勝ちたい」とか「油断していると追い抜かれてしまう」という気持ちは、大きなモチベーションになります。ライバルの存在は、自分の能力にある程度満足していた部下の心に火をつけ、さらなる成長を促してくれるはずです。

ただし、同じチームのメンバー同士でライバル関係を作る場合は、ふたりの関係性が悪くならないように注意してください。お互いの力を認め合ってポジティブな感情で切磋琢磨できるライバル関係でないと、チームワークに支障が出る可能性があります。

ライバルを作る効果

チームの士気が低下していると感じたら…
最近チームに
活気がないな
ライバルを意識させて刺激を与える
同期のA君が大口の契約を
とったらしいな
君たちも負けてられないぞ
競争心を利用して
部下のやる気を引き出す

4-22

ミスを報告しやすい雰囲気を作ろう

トラブルの芽を摘み取る

▼ネガティブな報告を歓迎する

リーダーとしてチームを率いていると、さまざまなトラブルに遭遇します。こういったトラブルを防ぐためにはどうしたらよいでしょうか。

多くのトラブルは、小さなミスがきっかけとなって起こります。したがって、小さなミスに敏感になることがトラブル防止の基本といえます。しかし、リーダーがすべての部下の仕事を細部まで綿密にチェックするのは不可能です。

つまり、**トラブルを防ぐためにはミスを報告しやすい雰囲気を作ることが非常に大切なのです**。リーダーがネガティブな報告を歓迎する姿勢を示し、部下が自分のミスをためらわずに報告できるようにしなければなりません。もしも部下がミスを報告してくれなかったら、トラブルに発展するまで部下のミスに気づかない、というケースが出てきます。

また、ネガティブな報告は情報の確かさより、スピード重視です。間違った情報でもいいから、トラブルの火種になりそうな情報はどんどん報告させましょう。

トラブルを未然に防ぐためのポイント

ネガティブな報告を歓迎する

実は、ちょっと
ミスっちゃいまして…
報告してくれてありがとう
次からは気をつけてくれよ

ネガティブな情報を報告することの重要性を伝え、ネガティブな報告を歓迎する姿勢を示す

ミスの報告に対して怒らない

実は、ちょっと
ミスっちゃいまして…
何やってるんだ! しっかりしろ!

ミスの報告に対してリーダーが激昂すると、部下は小さなミスを報告しなくなる

不確かな情報でもどんどん報告させる

たぶん大丈夫だと思うんです
けど、もしかしたら……
なるほど。いち早く報告
してくれてありがとう

ネガティブ情報の報告はスピードが重要。情報に確かさを求めると報告が遅くなり、その間にリスクが大きくなる

4-23

新人教育は部下に任せよう

ひとりで全員の面倒を見るのは困難

▼リーダーはリーダーにしかできない仕事に注力する

部下に対する思いが強いリーダーは、すべての部下の面倒をひとりで見ようとします。しかし、経験の浅い新人の面倒まで見ていては、リーダーの体がもちません。

新人には基本的な部分から一から教える必要があり、当然ながら他の部下より手間がかかります。忙しいリーダーが新人の教育係になると十分なサポートができませんし、新人もリーダーが相手だと、わからないことがあっても気軽に質問できません。

もちろんチームの規模によりますが、**ある程度チームの人数が多い場合は、新人の教育は部下に任せた方がいいでしょう**。

その方が新人にとってもプラスですし、教育係を任された部下も、人に教えるという経験を通して成長することができます。

部下を信頼し、任せられるところはどんどん任せて自分はリーダーにしかできない仕事に集中する、というのが正しいリーダーのあり方です。

新人教育は部下に任せる

リーダーが全員の面倒を見るチーム

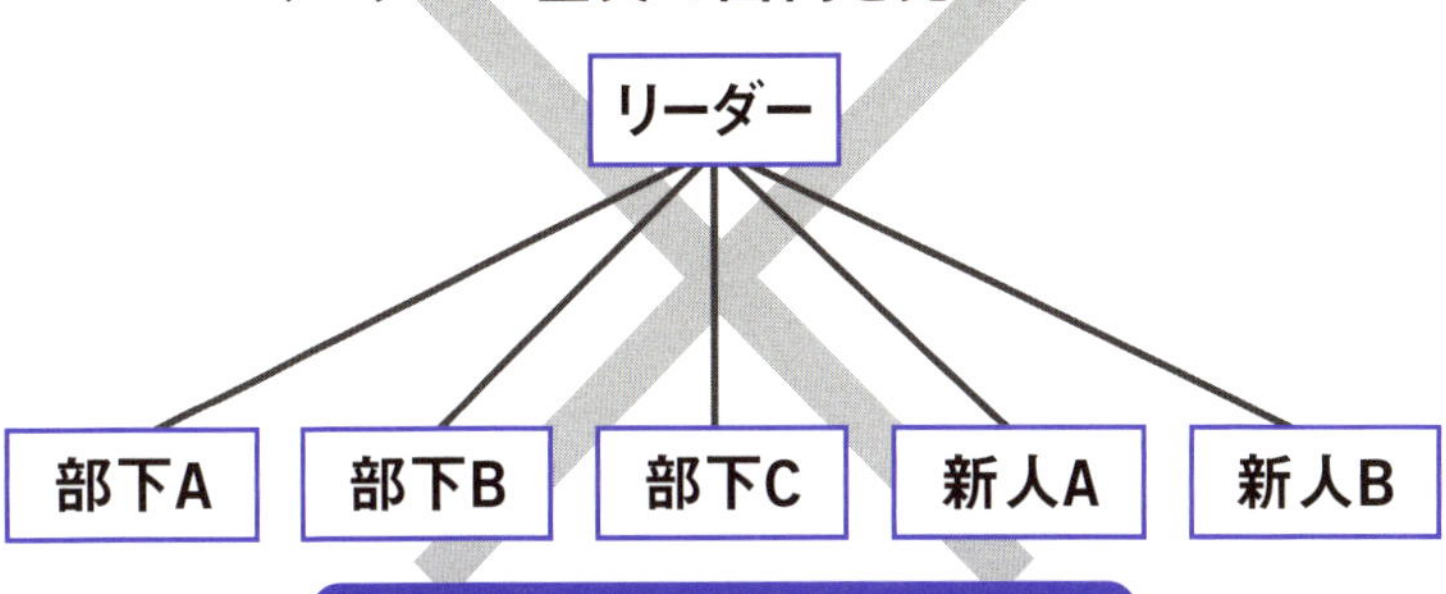

**リーダーの手間が増えすぎて
他の仕事に影響が出てしまう**

新人教育を部下が担当するチーム

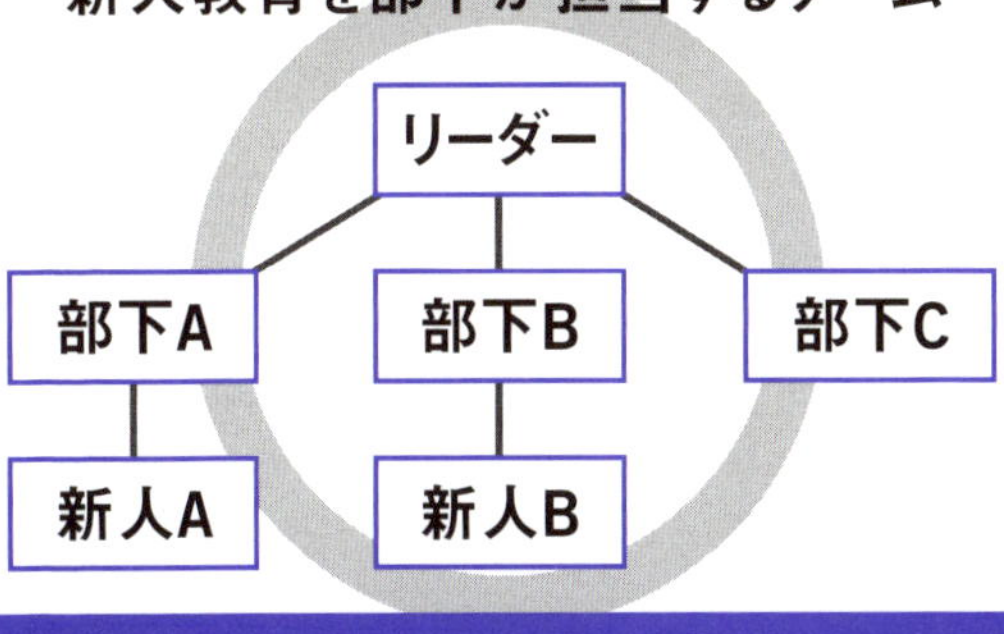

**リーダーの負担が軽くなり
教育係になった部下の成長も期待できる**

4-24
次期リーダーの育成も考えておこう
リーダー向きの人材とは？

人選が非常に重要

リーダーとして部下の力を引き出し、チームが安定して高いパフォーマンスを発揮できるようになってきたら、そろそろ次期リーダーの育成を考えなくてはいけません。

リーダーとして成果を出せば出すほど、昇格の時期は早まります。リーダーである自分が昇格したとき、次期リーダーになるべき部下が育っていなければ、チームのパフォーマンスは一気に落ちてしまうでしょう。

次期リーダーを育成するには、まず、どの部下を次期リーダーにするかをよく考えなくてはいけません。リーダー向きの部下をしっかり見極めなければ、チームにとっても、選ばれた部下にとっても不幸な結果になります。

次期リーダーは、実績だけでなく、仕事に対する情熱や志の高さ、人柄などを見て決めましょう。他に比べて成長のスピードが早い部下もリーダー向きの人材といえます。部下のキャリアや年齢は重視しない方がいいでしょう。

次期リーダーを決める際のポイント

次期リーダーを育てるにはリーダー向きの部下を正しく見極めなくてはいけない

仕事に対する情熱

仕事に対して本気で取り組む気持ちがなければリーダーはつとまらない

志の高さ

多くを望まず現状に満足している人は、リーダー向きとはいえない

周囲の評価

すでに周囲から認められている部下は、スムーズにリーダーのポジションにつける

明るい人柄

リーダーは、チームにポジティブな雰囲気をもたらす人が好ましい

器の大きさ

自分の手柄にこだわらず、部下の成功を心から喜べる人がリーダーに向いている

成長速度

経験を積むごとにどんどん成長する部下は、リーダーとしての成長も早い

仕事の実績に加えて、上記の要素を重視して次期リーダーを選ぼう

コラム

体調管理もリーダーの仕事。ときには思い切って休もう

リーダーは、負担の大きいポジションです。チームのためにあらゆることをやらなければなりませんし、プレッシャーもかかります。

疲れた体にムチ打って激務を続け、その結果倒れてしまうリーダーがたくさんいます。

リーダーが倒れてしまうと、当然ながらチームには大きな影響が出ます。体調を管理し、元気に働き続けることは、リーダーにとっては特に重要です。

元気に働き続けるためにはやはり、部下にどんどん仕事を任せることが大事です。

プレイングマネージャーという言葉がありますが、プレイヤーとしての仕事は、ほとんど部下に任せてしまってかまいません。他の部下と同じだけ仕事をして、その上でリーダーの仕事もこなす、というのは欲張りすぎです。

また、自分にあった気分転換の方法を見つけることや、友人に会って弱音を聞いてもらったりすることも大切でしょう。

ぜひ、働くことと同じくらい、心身を休めることにも力を入れてください。

第5章

人を惹きつけるビジョンの描き方・伝え方

5-01

人を惹きつけるビジョンとは？

優れたビジョンの条件

▼夢や大義が部下を動かす

リーダーがチームの力を最大限に発揮するために、必要不可欠なのがビジョンです。ビジョンはいわば、チームが目指すべきゴールです。**部下が「絶対に実現したい！」と思うような魅力的なビジョンを提示すれば、部下の尻を叩いたり、目の前にニンジンをぶらさげたりしなくても、チームは一丸となってゴールを目指します。**

では、チームを動かす優れたビジョンとは、どんなものでしょうか。

ひとつは、夢やロマン、大義などが感じられることでしょう。これらの要素は、理屈抜きで人を動かす力を持っています。

ただし、夢にあふれた素敵なビジョンでも、ただの絵空事では意味がありません。実現の可能性が感じられることも大切です。

また、部下にとって利益があるか否かもポイントです。部下に「そのビジョンを実現させることが自分にとって大きなプラスになる」と思わせられるビジョンが理想です。

優れたビジョンを描くためのポイント

部下をその気にさせるビジョンを描こう

夢がある

夢やロマンが感じられれば、部下のやる気はぐっと高まる。優れたビジョンには、理屈を超えた部分で人の心をつかむ魅力がある

社会的な意義がある

「社会に貢献できる」という要素は大きなやる気の源になる。自分ひとりのためではなく、大勢の人のためだと思えればつらくても耐えられる

実現の可能性がある

どんなに素晴らしいビジョンでも、「実現できるわけがない」と思われたら、部下は動かせない。実現の可能性が感じられるビジョンを描こう

部下にとってプラスになる

ビジョンを実現することで部下自身に大きな利益がもたらされることが大切。他人のためのビジョンでは、全力で実現させようとは思えない

ひとりよがりのビジョンでは部下は動いてくれない

5-02

ひとつ上の視点で物事を眺めよう

自分の目線だけで考えない

▼上司の立場で考えてみる

ビジョンを描く力を磨くためには、自分が今いるポジションよりひとつ上の立場から物事を眺めることが役立ちます。**課長ならば部長、部長なら経営陣の立場になって考える習慣をつける**ということです。

立場が違えば、行動も問題意識も変わります。たとえば、お客さんからある商品に対するクレームが入ったとしましょう。現場の雑務に追われている課長にとっては「頭の痛い問題」にすぎないかもしれませんが、商品開発に口出しする権限を持っている部長は、そのクレームから商品改良のヒントを得ることができるかもしれません。

ひとつ上の立場で物事を考えるというのは、要するに大局観を養うということです。大局観がなければいいビジョンを描けませんし、いいリーダーにもなれません。ビジョンを描くために、また、リーダーとしての力を磨くために、ぜひ、普段から上司の立場になって考える習慣をつけてください。

ひとつ上の立場で考える

自分の目線だけで物事を眺めていると…

上司の立場で考える習慣をつけると…

5-03

現状がどう変化するかを常に考えよう

世の中の動きに敏感になる

▼過去・現在・未来に対する意識を高める

優れたビジョンを描くには、過去・現在・未来に対する意識を高めなくてはいけません。つまり**過去の結果から教訓を得て、現状を正しく把握し、未来を予測してビジョンを描く**ということです。

過去に関しては、自社や競合他社の歴史を振り返ったり、世界の歴史的な出来事を学んだりすることでさまざまなヒントが得られます。

現在については、とにかく身の回りのこと、世の中の流れに敏感になりましょう。自社の環境変化や現状の課題、世界情勢などはもちろんですが、世間的な価値観の移り変わりや若者の間で流行っているものなどもチェックしておきたいところです。

未来の正確な姿はだれにもわかりませんが、現状がどう変化するかを常に考えていれば、ある程度は予測することができます。各種機関が発表する経済予測や業界予測など、未来を想像するために役立ちそうな情報は積極的にチェックしましょう。

世の中の流れに敏感になる

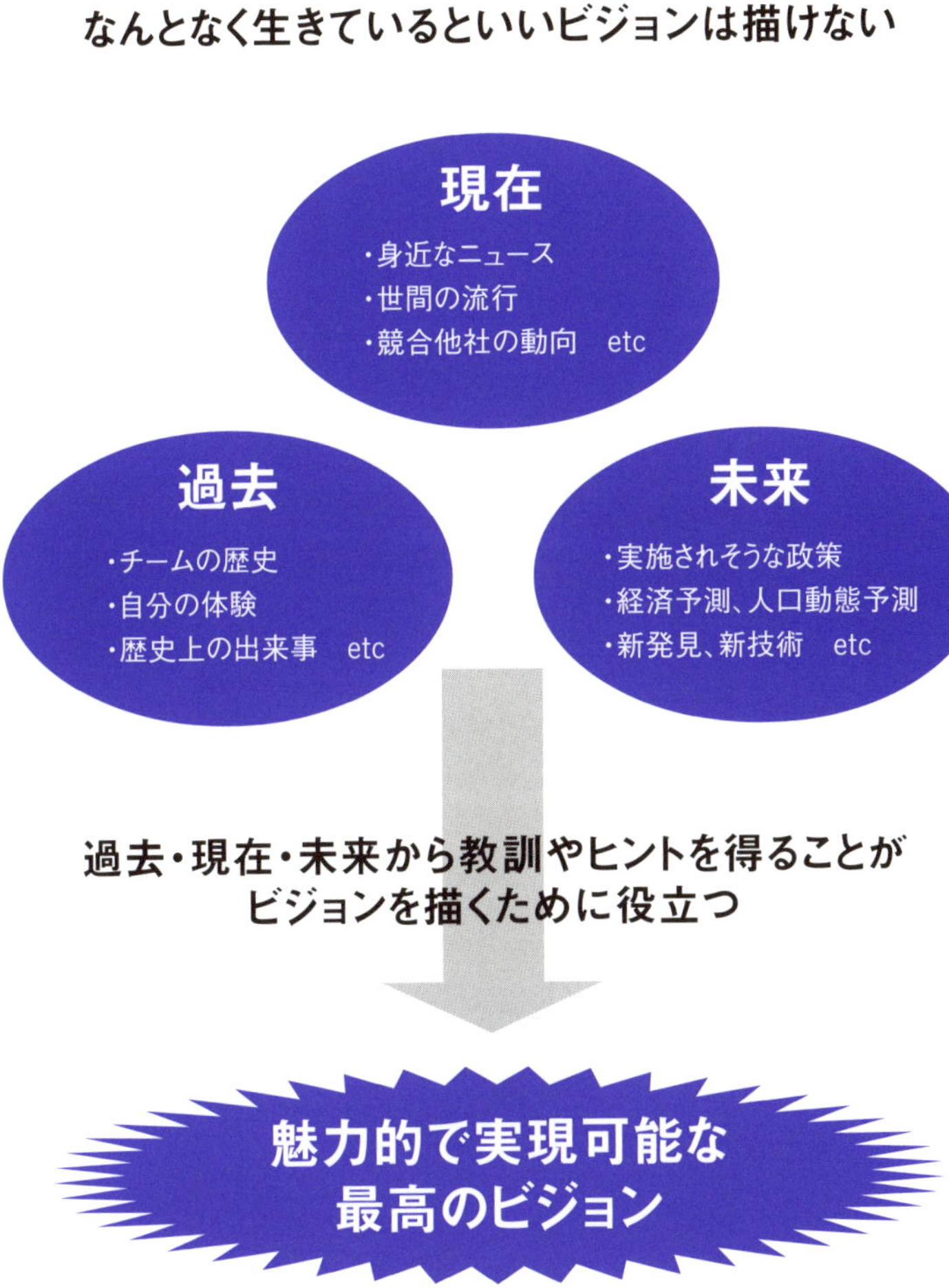

なんとなく生きているといいビジョンは描けない
現在
・身近なニュース
・世間の流行
・競合他社の動向　etc
過去
・チームの歴史
・自分の体験
・歴史上の出来事　etc
未来
・実施されそうな政策
・経済予測、人口動態予測
・新発見、新技術　etc
過去・現在・未来から教訓やヒントを得ることがビジョンを描くために役立つ
魅力的で実現可能な最高のビジョン

5-04

インプットを増やして視野を広げよう

思考の枠を広げる

▼新しいことにチャレンジする

いいビジョンを描くには、広い視野で物事を見なければなりません。前の項目で述べた「ひとつ上の立場で考える」というのも、視野を広げる方法のひとつといえます。

視野を広げるには、「自分の知らないものに触れること」が大事です。**狭い世界しか知らなければ当然視野は狭くなりますし、広い世界のことを知っていれば広い視野で物事を見ることができます**。わかりやすくいえば、インプットを増やすということです。

行ったことのない場所に行く、新しい仕事に取り組む、これまであまり読んだことがないジャンルの本を読むなど、これまでやっていないことを積極的にやってみましょう。活字やインターネットから得られる情報だけで満足せず、自分でいろいろ体験してみた方が五感を通して多くのことを得られます。

新しい経験をするたびに、自分の世界は少しずつ広がっていき、同時に視野も広がっていくはずです。

好奇心にしたがっていろんなことに挑戦しよう

新しいことに消極的な人

家が一番好き
休日は何もしたくない

視野が狭くなってしまい
質の高いアイデアが出てこない

新しいことに積極的な人

いろんなことを知りたい!
いろんな場所に行きたい!

視野が広がり、いろんな視点から
物事を考えられるようになる

5-05

アウトプットを毎日の課題にしよう

インプットだけでは足りない

▼アウトプットの質を高める

インプットを増やしたら、アウトプットの力も磨かなくてはいけません。インプットした経験や情報を活用する力を磨くのです。せっかく頭のなかに有益な情報がたくさんあっても、それらを応用したり組み合わせたりして、実用的な知恵として利用することができなければ意味がありません。

アウトプットの力を磨くためには、やはり何度もアウトプットを繰り返すことにつきます。たとえば、毎日新しい企画書をひとつ書き上げることを日課にする、というふうに決めて、アウトプットの練習をしましょう。企画書作りはアイデア力だけでなく、図解力や文章力など、人に説明する力も磨かれます。

そこまで余裕がなければ、通勤電車のなかで新商品のアイデアをいくつも考える、というのもいいでしょう。とにかく、日頃からアウトプットする習慣をつけ、アウトプットの量を増やすことで、ビジョンを描く力が鍛えられます。

アウトプットの力を鍛えよう

アウトプットの機会が少ない人
うーん…
何も思いつかない…
インプットをいくら増やしても
ありきたりなビジョンしか描けない

普段からアウトプットを心がけている人
ひらめいた!
アウトプットの質が上がり
魅力的なビジョンを描けるようになる

5-06

リーダーの情熱が人を動かす

形だけのビジョンではダメ

▼気持ちのこもったビジョンとは？

チームに提示するビジョンは、リーダー自らが「絶対に成し遂げたい！」と思えるものでなくてはいけません。自分が本気になれないビジョンでは、部下も本気になれないのです。**ビジョンを描く際には、会社のため、チームのため、社会のため、といった視点も大事なのですが、「リーダーである自分自身が一番やりたいことは何か」という視点も忘れてはいけません。**

リーダー自身の気持ちを度外視して、「みんなのため」に考えたビジョンは、往々にして魅力に欠けるものになってしまいます。魂が入っていない形だけのビジョンといってもいいかもしれません。

リーダーだけの視点で考えたひとりよがりのビジョンではダメですが、リーダーの気持ちがこもっていないビジョンもダメなのです。ビジョンを描くときは、自分が本当にやりたいことは何か、を考えることから出発しましょう。

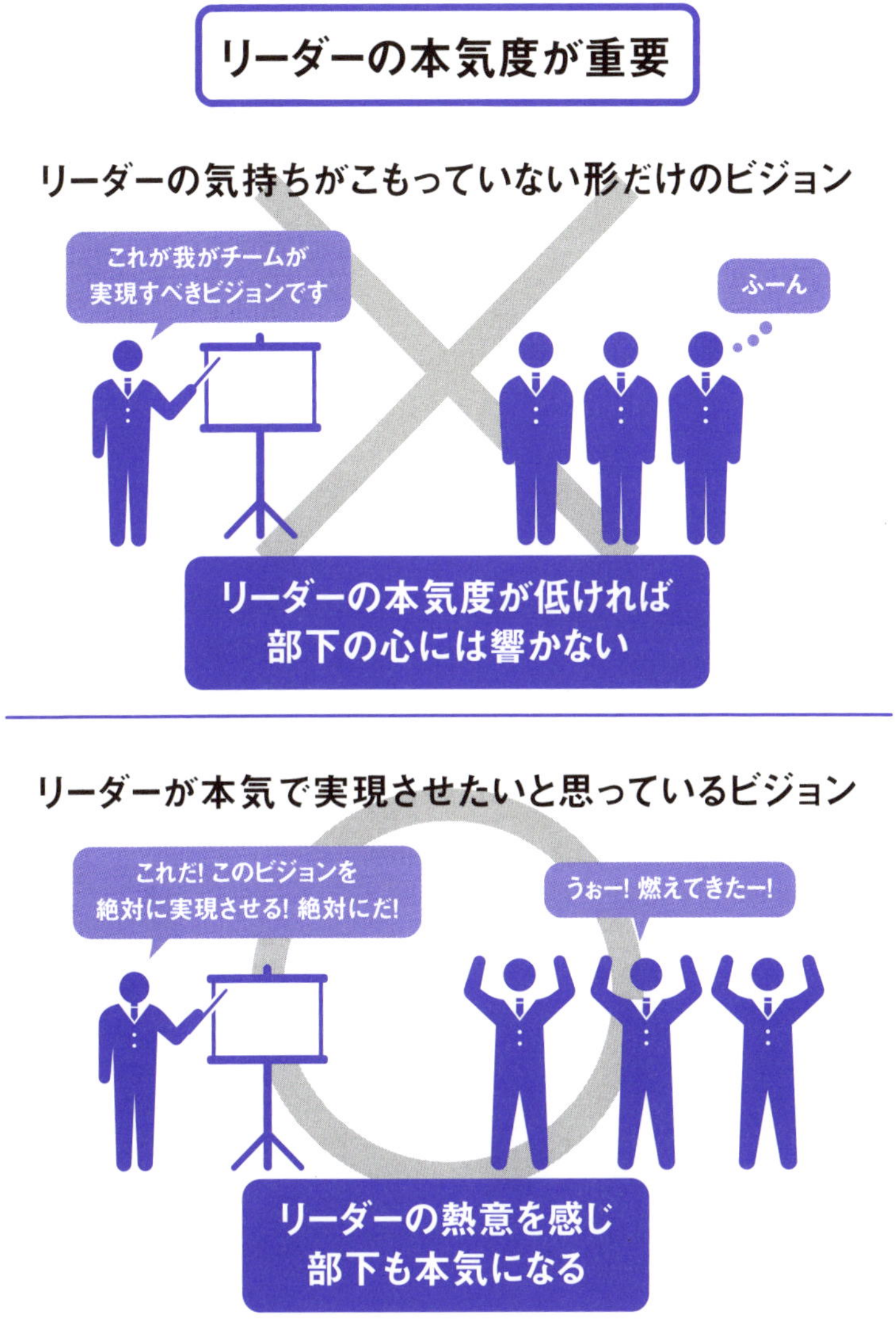
リーダーの本気度が重要
リーダーの気持ちがこもっていない形だけのビジョン
これが我がチームが
実現すべきビジョンです
ふーん
リーダーの本気度が低ければ
部下の心には響かない
リーダーが本気で実現させたいと思っているビジョン
これだ! このビジョンを
絶対に実現させる! 絶対にだ!
うぉー! 燃えてきたー!
リーダーの熱意を感じ
部下も本気になる

5-07

ビジョンは繰り返し伝えよう

一度や二度では伝わらない

▼ビジョンを浸透させるには根気が必要

チームが目指すべきビジョンを描いたら、次はそのビジョンをメンバー全員に伝えなくてはいけません。どんなに素晴らしいビジョンでも、その内容をリーダーしか理解していなかったらまったく意味がないのです。

ビジョンは、ことあるごとに何度も繰り返し伝えましょう。部下はチームの未来について、リーダーほど真剣に考えていません。一度や二度、口頭で説明したくらいでは上っ面の理解しか得られないか、完全に聞き流されてしまうでしょう。丁寧に、わかりやすい言葉で、ときにはたとえ話や具体例なども交えながら、なぜそのビジョンを実現しなくてはならないのかを何度も何度も説明してください。部下に「またその話か」と思われるくらいのしつこさが必要です。

また、部下がいつでもビジョンについて確認できるように、文書の形でまとめておくことも大切です。

ビジョンを浸透させるためのポイント

優れたビジョンも部下に伝わらなければ意味がない

何度も説明する

部下が理解してくれるまで、とにかく何度も繰り返し伝える。同じ話を繰り返すのではなく、言葉を代えていろんなパターンで説明しよう

文書化する

口頭だけでなく、文章でも伝える。口頭の説明では理解できなかった部下は、文書を読み返すことで理解を深められる

わかりやすい形で伝える

経験や知識の差が大きい相手の場合、図解を用いたり、たとえ話をしてみたり、いろいろ工夫しないとうまく伝わらない

ビジョンの利点を強調する

ビジョンを実現することでチームや部下が何を得られるのか、なぜこのビジョンを実現させる必要があるのかを強調する

ビジョンを浸透させるには情熱と根気が必要

コラム

ビジネスの世界にも勝ち癖・負け癖がある?

スポーツの世界には「勝ち癖」「負け癖」という言葉がありますが、勝敗がチームの好不調に影響するのはビジネスの世界も同じです。成果を出しているチームは雰囲気がよくなって好循環になりますし、成果が出ないチームはメンバーが後ろ向きになって、パフォーマンスが下がってしまうものです。

チームの調子がいまいち上がらない場合などは、勝ち癖をつけるために、チームが得意とする仕事をとってくるのも有効でしょう。

また、勝敗はもちろん大事ですが、勝ち方、負け方にもこだわりたいものです。あと少しで目標が達成できるというときに、思わぬミスが起こって勝利にケチがついてしまった…という経験はないでしょうか。勝利が目前でも、リーダーはチーム内の緊張感を保って、チームに「勝ち方」を教えなくてはいけません。

負け方についても同様です。たとえば「この部分のクオリティはあきらめてその分スピードを優先しよう」と指示するなど、厳しい条件のなかでも最善をつくすための正しい決断ができれば、負けたとしても負け癖はつかず、次につながる敗戦になるでしょう。

第6章

人を動かすコミュニケーション術

6-01

積極的に雑談をしよう

コミュニケーションの量を増やす

▼冗談を言い合える関係を目指そう

リーダーにとって、部下とのコミュニケーションは多ければ多いほど好ましいといえます。天気の話、趣味の話、ニュースの話など、内容はなんでもいいので、仕事の合間を見つけてとにかく会話の量を増やし、気軽に雑談できる関係性を作りましょう。

雑談を増やすことで部下の性格や価値観がわかりますし、部下にも自分のことをわかってもらえます。また、雑談が多ければチームの雰囲気もよくなります。

部下はどうしてもリーダーに気をつかってしまうものなので、リーダーの方からどんどん話しかけるのが大事です。部下との間にある見えない壁を壊して、ざっくばらんに話し合えるようになれば、仕事がスムーズに回るようになるでしょう。

ただし、仕事に集中しているときに話しかけられてうれしい人はいませんし、リーダーと話す際に緊張してストレスを感じるタイプの人もいます。相手の状況や性格を考え、少しずつ関係性を深めていきましょう。

雑談を増やすメリット

雑談はリーダーと部下の仲を深め、チームの潤滑油になる

部下のことがよくわかる

部下のことをよく知るのは、リーダーシップを発揮するために不可欠な条件。雑談を重ねることで相手の性格や価値観がつかめる

自分の性格が伝わる

リーダーがどんな性格で、何を考え、何を大切にしているかを部下が理解してくれれば、お互いの関係性はぐっとよくなる

チームの雰囲気がよくなる

雑談が多いチームは、和やかな雰囲気で仕事ができる。ただし、緊張感に欠けたチームにならないように一応注意しておきたい

確認や報告がしやすくなる

会話の機会が増えることで、部下の仕事の進捗を確認しやすくなる。また、部下もリーダーに報告を行いやすくなる

どんどん雑談を重ねて
部下との関係を深めていこう

6-02

コミュニケーションの基本は「傾聴」

真剣に聞くことで相手は心を開く

▼興味を示しながら話を聞く

部下とのコミュニケーションでは、リーダーが自分の話をするよりも、部下の話を聞くことに力を入れた方がいいでしょう。部下の話を聞かないと部下のことがわかりません。こちらが一方的に話すだけだと、関係がよくなるどころか、部下の負担になっている可能性もあります。

部下の話を聞く際に最も重要なのは、「真剣に聞いているよ」という態度を示すことです。リーダーが自分の話に興味を持ってしっかり聞いてくれていると思えば、部下はどんどん自分のことをしゃべってくれます。リーダーが適当に話を聞いていると、部下も真剣に話してくれず、あまり意味のない社交辞令的な会話が増えてしまいます。

しっかり話を聞いているという態度を示す簡単な方法は、うなずきとあいづちです。黙って聞いていると、「何を考えているのかな」と相手が不安になるので、うなずきやあいづちで、もっと話してほしいという気持ちを伝えましょう。

あいづちの種類

部下の話を聞くときは適度にあいづちを打って
ちゃんと話を聞いていることを伝えよう

6-03

話しかけづらい上司にならない

ポジティブなオーラを出そう

▼忙しいときも部下の質問には笑顔で対応する

部下というのは、リーダーに対してなかなか気軽に話しかけられないものです。その結果、ミスを報告するタイミングが遅くなったり、一言質問すればすぐにわかるような疑問をわからないまま放置したりする…ということが起こってしまいます。このような傾向は、チームの規模が大きくなればなるほど、リーダーの立場が強くなればなるほど顕著になります。

チーム内のコミュニケーションを促進するためには、部下に話しかけられやすいリーダーにならなくてはいけません。忙しかったり心配事があったりしても、できるだけ表には出さず、部下に話しかけられたら常に笑顔で対応しましょう。

また、たわいもない失敗話など、自分を落として笑いをとるような話をするのも有効です。肩肘張らず気楽に話し合えるリーダーになれれば、チームの雰囲気はすごくよくなるはずです。

話しかけやすいリーダーになろう

ネガティブな感情は表に出さず、常に笑顔を心がけよう

イライラを表に出さない

しかめっ面は部下を遠ざける。心のなかのネガティブ感情は表に出さないように

笑顔を増やす

笑顔が多いリーダーは部下に好かれる。前向きな思考を心がけよう

**部下が気軽に話しかけてくれる
親しみやすいリーダーを目指そう**

部下が話しかけづらいリーダーだと…

いま話しかけて大丈夫かな…
いや、やっぱりやめておこう

**部下が不明点を放置したり
ミスの報告が遅れたりする**

6-04

プライベートなこともオープンに話そう

人柄が伝われば仕事がやりやすい

▼隠し事はなるべく少なく

部下と雑談するときには、心を開いて、なるべく本音で話すようにしましょう。「職場ではプライベートなことはあまり話さないようにしよう」とリーダーが自分から壁を作っていたら、部下も心を開いてくれません。

リーダーと部下という関係上、いえないこともあるとは思いますが、基本的には、なんでも包み隠さずしゃべるという姿勢が大事です。

リーダーがプライベートをオープンにしていると、部下も家庭の悩みなどを話してくれるようになります。そういう話をするだけで、部下の気も少しは軽くなるでしょうし、信頼関係を構築するのに役立ちます。

ただし、プライベート面で、他人に気軽に話せないような複雑な事情を抱えている部下もいます。こちらから相手のプライベートな部分に踏み込むのは、相手との関係を十分深めてから行うべきでしょう。

プライベートなことを話すメリット

プライベートなことをオープンに話すと…

部下もプライベートなことを話してくれるようになる

**部下のことをより深く知ることができ
お互いの関係がより深くなる**

6-05

巧みな質問で相手の話を引き出す

クローズドクエスチョンとオープンクエスチョン

▼いいリーダーは質問上手

部下の話をどんどん引き出すことができる人は、質問の仕方が上手です。部下が話しやすいリーダーになるには、質問の仕方を考えることも役立つでしょう。

質問の仕方は、クローズドクエスチョンとオープンクエスチョンの2種類にわけることができます。**クローズドクエスチョンは「YES」「NO」の2択で答えられるような質問**で、**オープンクエスチョンは「昨日は何してた?」というようないろんな答え方ができる質問**です。

部下の話を引き出したいときは、オープンクエスチョンが有効です。クローズドクエスチョンだと、回答が一言で終わってしまい、会話が広がりにくくなります。

ただしクローズドクエスチョンは答えやすいので、最初にクローズドクエスチョンをして、そのあとにオープンクエスチョンで話を広げていく、というふうにすると付き合いの浅い部下の話も引き出しやすくなります。

オープンクエスチョンとクローズドクエスチョン

オープンクエスチョン	クローズドクエスチョン
回答の選択肢が限定されず、自由な形で答えられる質問	「イエス」「ノー」のように回答の選択肢が限定されている質問

オープンクエスチョン

クローズドクエスチョン

6-06

定期的に一対一で話す機会を設けよう

二人きりで話す場を作る

▼個別面談でじっくり話を聞く

部下がどんな性格で、何を考え、どんなことに不満を感じていて、将来どうなりたいと思っているか…など、部下についてリーダーが知るべきことはたくさんあります。特にリーダー着任から間もないときは、部下を知ることに全力をつくさなくてはいけません。

それぞれの部下について深く知るには、やはり一対一でじっくり話す時間を設けるのが一番簡単です。個別面談を設けて、仕事に関する悩みなどを聞いてみましょう。ちょっといいにくいようなことでも、一対一の個別面談という形だと「実は…」と話してくれるケースがあります。

個別面談では、その部下が担当している仕事が話題の中心になると思いますが、それだけにこだわらず、会社全体についてのことや、人生設計に関すること、趣味の話など、いろいろな方向からさまざまな質問を投げかけ、「なんでも話していいんだ」という雰囲気を作りましょう。

個別面談なら深い話も聞き出せる

普段はなかなかいえないようなことも…

個別面談なら話しやすい

**定期的に個別面談を行うことで
部下のことをより深く理解できる**

6-07

誤解を招くカタカナ用語を使わない

だれにでもわかる言葉で話す

▼勉強熱心なリーダーにありがちな失敗

部下とのコミュニケーションにおいては、意識の差、知識の差を考慮することも必要です。たとえば、「アジェンダ」「エビデンス」などのカタカナ用語は、勉強熱心なリーダーにとってはなじみ深い常識レベルの言葉かもしれませんが、部下にとっては耳慣れない言葉かもしれません。

また、こういったカタカナ用語は、知っている人ももちろん多いのですが、しっかりした定義を理解している人から、なんとなくの雰囲気で理解している人まで、理解の程度に差が見られるケースも多々あります。

流行のビジネス用語はある程度把握しておくべきですが、混乱を招くもとになるので多用はしない方がいいでしょう。

流行りのビジネス用語を多用する人より、同じ内容を、だれにでもわかる言葉で伝えられる人の方がリーダーとして信頼されます。

カタカナ用語の使用には注意が必要

カタカナ用語を多用すると…

**意図したことが相手に伝わらず
混乱のもとになる**

伝わりにくいカタカナ用語の例

アジェンダ
計画

エビデンス
証拠

アサイン
割りあてる

ケーピーアイ（KPI）
重要業績評価指標

**「知らない方が悪い！」という考えでは
コミュニケーションに支障をきたす**

6-08

仕事の進捗は頻繁に確認しよう

部下を信用しすぎない

▼心配だからではなく、期待しているから聞く

部下に仕事を任せたら、定期的に進捗を確認しましょう。部下の報告を待っているだけでは、トラブルの芽になる小さなミスをつぶすことができません。

仕事の進め方をしっかり説明しても、部下はわかったつもりで間違っていることがよくあります。また、ミスをしてしまった部下は、なるべくリーダーに知らせずにすませたいと思うものです。部下を信用しすぎず、こまめに進捗を確認しましょう。

進捗を確認する際に気をつけたいのは、不安そうな顔で聞かないことです。不安そうに何度も進捗を尋ねると、部下は「リーダーがすごく心配している。自分は信頼されていないんだな」と感じます。

心配だから聞くのではなく、期待しているから聞く、という姿勢が大事です。「あの案件どうなってる？　聞かせて聞かせて」という感じで進捗を尋ねれば、部下は自分が期待されていることがわかり、さらにやる気を持って仕事に取り組んでくれるはずです。

進捗を確認する際のポイント

不安そうな感じで聞くのはダメ

「楽しみだから聞きたい」という雰囲気を出すといい

6-09

飲み会でもリーダーの自覚は忘れずに

飲みの席での注意点

▼飲み会で部下の本音を聞き出す

チームのメンバーと一緒にいく飲み会は、ざっくばらんな雰囲気のなかで、部下から本音を聞き出す絶好のチャンスです。参加したくない人を強引に誘うのは考えものですが、飲み会を開くのは、コミュニケーションを円滑にする上で非常にいいことです。

まだお互いに付き合いが浅く、部下が完全にリーダーに心を許していないような関係性では飲み会は特に有効で、お酒の力を借りて一気に打ち解けられます。

飲み会では、仕事の話は控えめにして、無礼講の雰囲気を作ってみんなで楽しく盛り上がることが大事です。でも、楽しすぎてハメをはずしてはいけません。酔っていても、部下の気持ちを考えて行動しないと、日頃コツコツ積み重ねてきた信頼を失います。

たとえば、酔うと自慢話を繰り返したり、説教がとまらなくなったりする人がいますが、そんな状態では部下は楽しく飲めません。飲み会でもリーダーとしての自覚を忘れないようにしましょう。

飲み会を開く際の注意点

酒の席でもリーダーの自覚は忘れずに

楽しく飲む

飲み会ではなるべく楽しい雰囲気を作って、部下の本音を引き出そう。酔うと説教くさくなる自覚がある人は雰囲気を悪くしないように注意

自慢話をしない

お酒に酔って自慢話を繰り返してしまうのは、よくある失敗例のひとつ。飲み会をストレス解消の場にしてはいけない

飲みすぎない

飲み会で失敗するのは、ほとんど飲み過ぎが原因。部下の前で失態をさらさないためには、酒量をセーブするのが最も有効

無理やり誘わない

部下との距離を縮めたいからといって、お酒が得意ではない部下を無理やり誘うのは考えもの。部下にとっては飲み会がつらい時間になる

飲み会は節度を持って楽しもう

6-10

部下の成熟度によって接し方を変える

SL理論

▼4種類のリーダーシップスタイル

チームは能力やスキルの異なる部下が集まって構成されます。部下の成熟度にあわせて接し方を変えるのも、大切なポイントといえるでしょう。

そのためにはハーシィとブランチャードが提唱したSL理論が参考になります。これは部下の成熟度を4段階に分類し、それぞれのグループに適した形でリーダーシップを発揮すべきだという考え方です。

SL理論では、最も成熟度の低い1段階目のグループには「教示的リーダーシップ」、2段階目のグループには「説得的リーダーシップ」、3段階目のグループには「参加的リーダーシップ」、そして最も成熟度の高い4段階目のグループには「委任的リーダーシップ」が適しているとされています。それぞれのリーダーシップスタイルについては左ページで解説しています。SL理論の考え方は、実務面だけでなく、普段のコミュニケーションにも役立つでしょう。

SL理論

部下の成熟度にあわせてリーダーシップスタイルを変える

部下の成熟度	部下のグループ	リーダーシップスタイル
高	**ベテラングループ** どんな業務も安心して任せられるようなメンバー	**委任的リーダーシップ** 業務遂行の責任を預け、仕事のやり方を部下に任せるスタイル
	中堅グループ 難易度の高い業務もある程度ひとりでこなせるメンバー	**参加的リーダーシップ** 部下が自主的に行動し、リーダーがサポートする形のスタイル
	若手グループ 基本的な業務をひとりでこなせるレベルのメンバー	**説得的リーダーシップ** リーダーの考えや仕事のやり方を説明して、あとは部下の意見に応える形のスタイル
低	**新人グループ** 新入社員など、はじめて業務にあたるメンバー	**教示的リーダーシップ** 細かい部分まで具体的に指示をするスタイル。指示通り動けているかの確認も大事

6-11

手を抜く部下にはどう接すればいい？

手を抜く部下への対応

▼なぜ手を抜くのかを知らなければ対応できない

責任感や意欲が低く、日常的に仕事をサボる部下は、どこのチームにもいるものです。そういった部下に対して、リーダーはどのように接するべきでしょうか。

最初に行うべきなのは、その部下の言動をよくみて、なぜやる気を失っているのかを知ることです。たとえば、現状に満足していて、「あとは適当に仕事をこなしていればいい」という考えからサボっているなら、「このままでは今の地位を維持するのは難しい」ということを理解させる必要があるでしょう。

また、興味のない仕事をやらされてやる気を失っている場合は、対話を通して前向きな考え方ができるように導いたり、別の仕事を任せたりするのが有効でしょう。

いずれにしても、重要なのは相手にあわせて対応するということです。怠け者には報酬減などの懲罰を与えて厳しく接する、というような画一的な対応では状況は改善しないので注意しましょう。

手抜きの原因を探ってから対応する

手抜きの原因は部下によって異なる

**手抜きの原因を取り除くことで
部下のやる気を引き出せる**

手抜きの原因を探らずに対応すると…

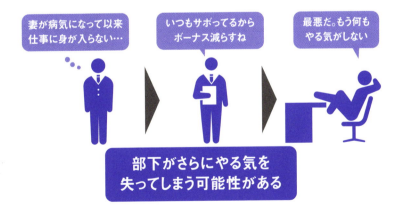

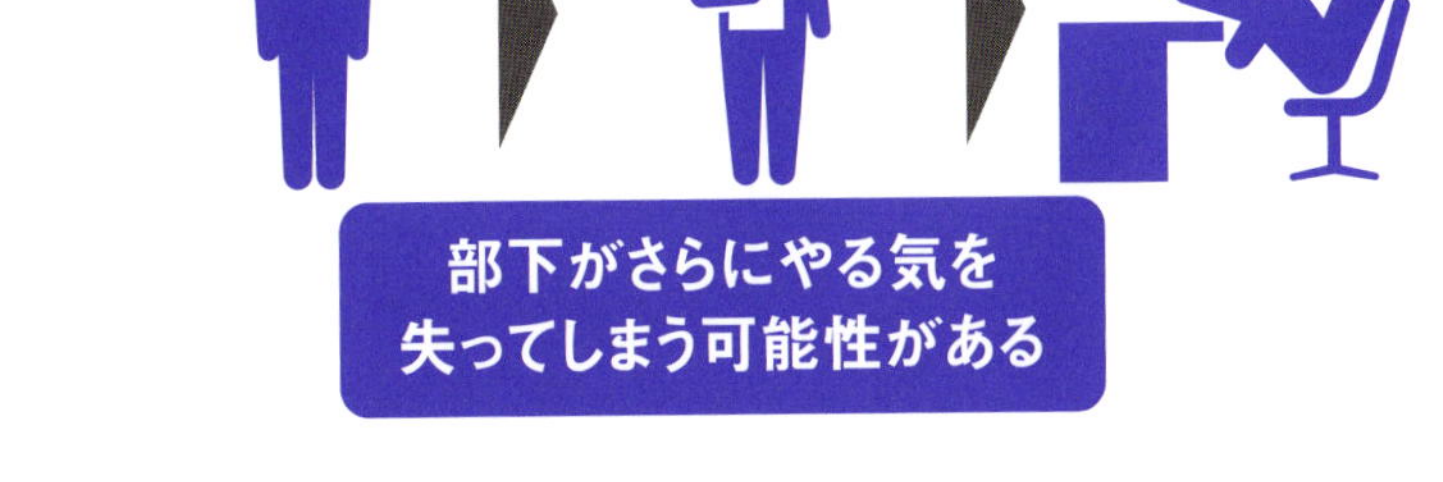

**部下がさらにやる気を
失ってしまう可能性がある**

6-12

年上の部下には敬意を持って接する

かわいがられるリーダーを目指せ

▼「チームのために力を貸してください」というスタンス

かつては年功序列的な人事をする会社がたくさんありましたが、その傾向はどんどん薄れてきています。最近は年上の部下を持つリーダーは全然珍しくありません。そのため、年上の部下の扱いに悩んでいる人はきっと多いでしょう。

年上の部下には、「チームのために力を貸してください」というスタンスで接するのがいいでしょう。「年齢は関係ない。リーダーに従うのは当然」という姿勢が見えると、年上の部下は気持ちよく仕事ができません。

ただ、年上の部下を尊重しすぎてはダメです。年上の部下の言動がチームに悪影響を与えている場合は、放置せずにしっかり注意を促しましょう。その場合も、「チームのため」を強調すれば反感をかうことはないはずです。

多くの場合、年上の部下は、豊富な経験と高い実務能力を備えています。いい関係を築いて、チームに貢献してもらいましょう。

年上の部下への接し方

「年齢は関係ない」という気持ちがあるとうまくいかない

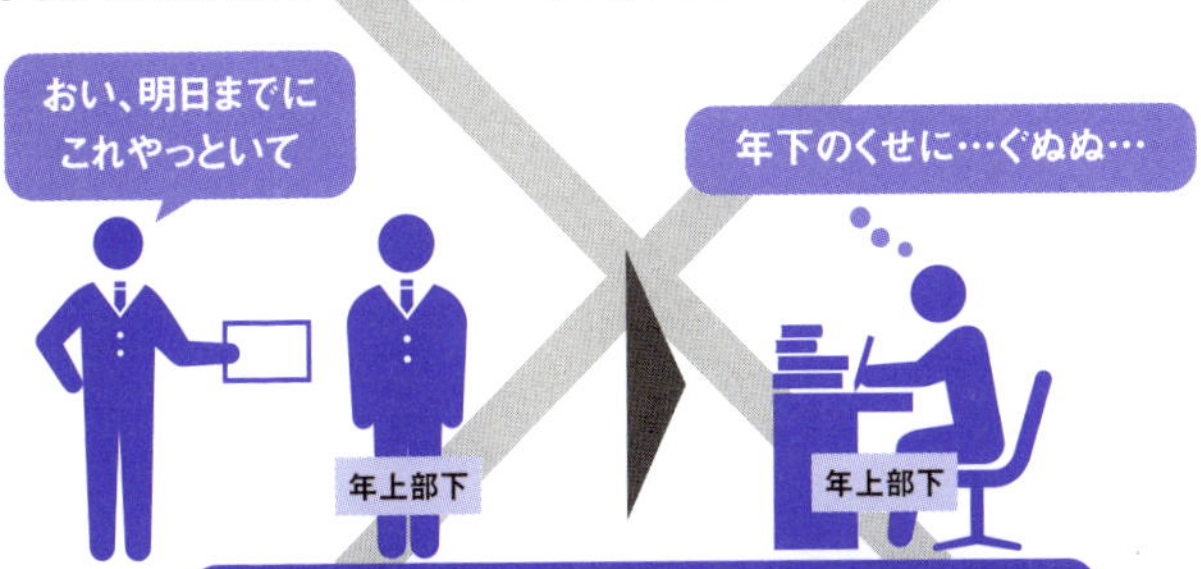

**年上部下の存在は
しっかり尊重しなくてはいけない**

相手の立場を尊重し、「チームのために力を借して
もらう」というスタンスで接するとうまくいく

**接し方さえ間違えなければ
年上部下は頼れる戦力になってくれる**

6-13

年下世代には特に積極的に話しかけよう

世代が違っても必ずわかりあえる

▼ジェネレーションギャップを埋めるには？

　年齢差の大きい年下の部下は、年上の部下とはまた違った意味で、接し方が難しい相手といえます。

　年齢差の大きい年下の部下に対しては、とにかくリーダーの方から、共通の話題を見つけるなどして、どんどん話しかけるべきでしょう。大きく年の離れたリーダーに気安く話しかけてくれる部下は稀です。リーダーの方から動かないと、いつまでたっても心の距離が縮まりません。もちろんジェネレーションギャップによる価値観の差はあるでしょうが、それを面白がるくらいの気持ちで接するのがコツです。

　一対一だとどうしても話が噛み合わないという場合は、中間世代にあたる部下に間に入ってもらうようにするといいでしょう。

　また、経験が少なかったり、考え方が未熟だったりすることを否定的にとらえるのはやめましょう。年下だからといって見下すと部下は心を開いてくれません。

年齢差の大きい年下の部下への接し方

理解することをあきらめてはダメ

積極的に話しかける

リーダーから積極的に話しかけ、関係を深めたいという意思を示す。とにかく話す機会を増やすことがお互いを理解しあうことにつながる

間に入ってくれる人を作る

うまく会話が続かない場合は、中間世代の部下に間に入ってもらう。中間世代の部下がうまくジェネレーションギャップを埋めてくれる

共通の話題を見つける

映画や本、ファッション、グルメ、スポーツなど、なにかひとつでも共通の話題が見つかれば、コミュニケーションがはかりやすくなる

見下さない

年下の部下をバカにしたり、子ども扱いしたりするのはNG。柔軟な発想力や成長の可能性など、年下部下の長所に目を向けよう

ジェネレーションギャップを楽しむくらいの気持ちで接しよう

6-14

反抗的な部下にはどう接したらいい？

頭ごなしに叱っても関係はよくならない

▼能力を認めた上で、だれがリーダーなのかをわからせる

自分の能力に大きな自信を持っている部下は、リーダーに対する反抗心を表に出してくる場合があります。何かにつけてリーダーの意見に反対し、自分の能力の高さを示そうとする…、このような反抗的な部下と信頼関係を築くためには、どうすべきでしょうか。頭ごなしに叱りつけて、リーダーとしての威厳を示す、というのは、あまりいいやり方ではありません。

大切なのは、まずリーダーが反抗的な部下の能力を認めることです。能力を否定されると、相手はどんどん反抗的な態度を強めていくでしょう。

次にやるべきことは、自分の立場をわからせることです。もしも相手が自分の立場を越えて勝手な行動をしたら、「それは君の仕事じゃない。リーダーである私の仕事だ」とはっきり伝えましょう。相手がリーダー気取りで動き出したときに、それを許してしまうとチームはめちゃくちゃになってしまいます。絶対に放置しないようにしてください。

反抗的な部下への対応

まずは相手の能力を認めることが大事

**リーダーから能力を認めてもらえると
反抗的な姿勢は弱まる**

反抗的な部下が勝手な行動を起こしたら…

**自分がリーダーであることを
はっきりと伝えよう**

6-15

社内政治にも力を入れよう

部下を昇格させるために

▼キーマンとのパイプを作っておく

リーダーは、自分のチームにだけ目を向けるのではなく、社内政治によってキーマンとのパイプを作っておくことも大事です。そうすれば自分の意見が通りやすくなって、大きな仕事がやりやすくなりますし、トラブルが起きたときにキーマンの力を借りやすくなります。

キーマンとのパイプがあれば部下を昇格させるのも楽になります。能力のある部下をどんどん昇格させるのはリーダーの重要な任務のひとつですが、社内での立場が弱いと、部下を推薦しても聞いてもらえないことが多くなってしまいます。努力して成果を出しているのになかなか昇格できない部下がいると、チーム全体のやる気にも影響するでしょう。

社内政治といいましたが、やることは単純で、社内のキーマンに積極的にアプローチして話をする機会を増やすだけです。

なお、社内の人間関係にいくつかの派閥がある場合、特定の派閥に入ってしまうと他の派閥との関係性が悪化する可能性があるので注意しておきましょう。

キーマンとのパイプを作るメリット

大きな仕事がしやすくなる

人間関係でもめたときに力を貸りられる

キーマンと接する機会を増やして
太いパイプを作ろう

6-16

部下に悩みを相談されたらどうする？

アドバイスする際のコツ

▼即座に答えを与えるのがベストではない

リーダーは部下にさまざまな悩みを相談されます。そのなかには、簡単に解決策がわかるようなレベルの悩みもたくさんあるはずです。すぐに解決できる問題で悩んでいる部下を見ると、ベストな解決策をズバッと教えてあげたくなりますが、そこは少し我慢した方がいいでしょう。

部下は、自分が抱える問題をどう解決するか、解決できない場合はどうすべきなのかを考えることで、問題解決能力が向上していきます。**リーダーが最初から答えをポンと与えてしまうと、せっかくの成長のチャンスを奪ってしまうことになるのです**。

部下に悩みを相談された場合は、解決策がわかっていたとしても、ヒントを与えるだけにして、最終的な答えは部下自身に出させるようにしましょう。「なぜ？」「どうしてそう思う？」などと質問を上手に使うのがポイントです。

部下に悩みを相談された際の対応

**リーダーはヒントを与えるだけにとどめて
部下自身で答えを出させるのがベスト**

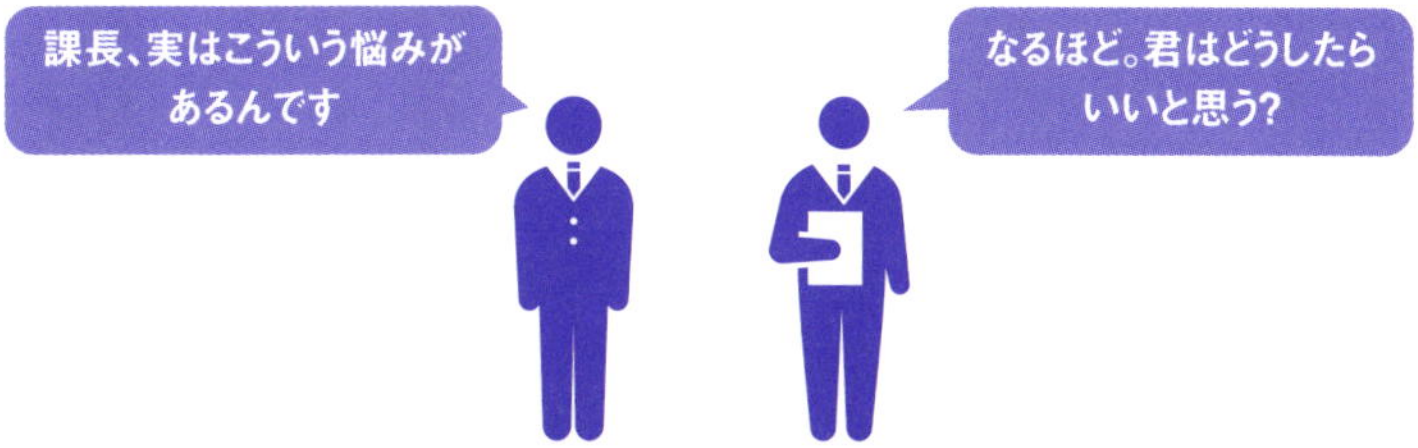
課長、実はこういう悩みがあるんです
なるほど。君はどうしたらいいと思う?

**部下が自分で考えて答えにたどり着くことで
部下の問題解決能力がアップする**

リーダーが答えを与えた場合

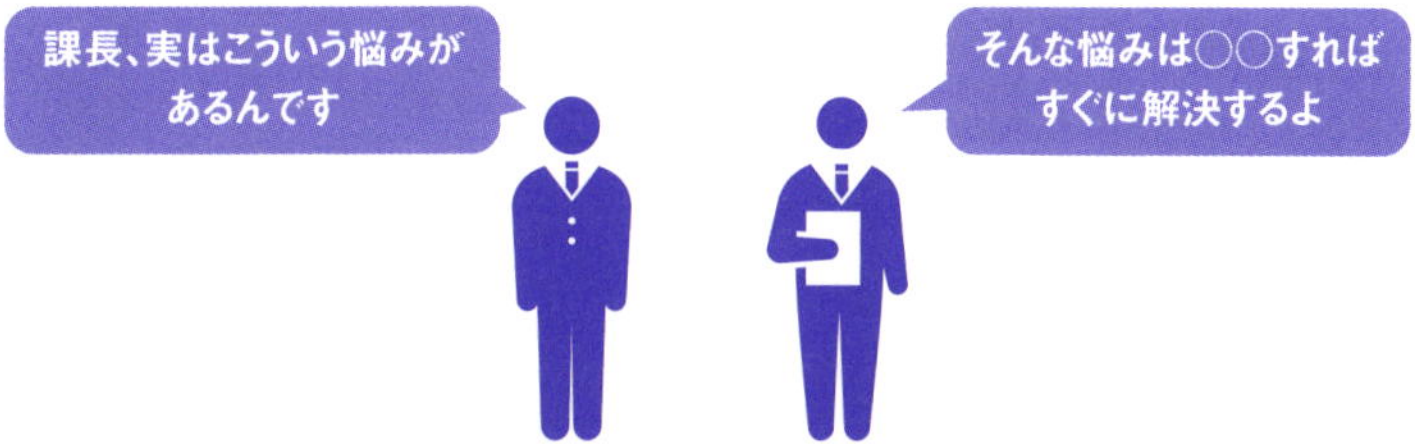
課長、実はこういう悩みがあるんです
そんな悩みは○○すればすぐに解決するよ

**部下の悩みが解決したとしても
部下の成長にはつながらない**

6-17

心に響く言葉をストックしておこう

部下を成長させる「言葉の力」

▼同じ内容でも言い方で伝わり方が変わる

インパクトのある言葉は、一瞬で人の心を変える力を持っています。そういった言葉の力をうまく利用できれば、リーダーにとって非常に強力な武器になります。

たとえば、**「これまでの仕事のやり方を見直して、抜本的に変える必要がある」などというより、「チームに革命を起こそう！」といった方が部下の心に響くでしょう。**

仕事の方向性を示すとき、部下にアドバイスを与えるとき、くじけそうな自分をはげますとき、そういったさまざまな場面で言葉の力を借りられるように、日頃から名言をストックしておくことをおすすめします。

自分を感動させてくれた言葉には、部下の心も動かす力があるはずです。歴史上の偉人たちの名言、本の一節、映画のなかのセリフ、友人・知人の何気ない一言など、素晴らしいと感じた言葉は、忘れないようにスマホやノートにメモしておきましょう。ここぞという場面できっと役に立ってくれます。

言葉の力をうまく利用する

インパクトのある言葉は人を動かす力を持っている

同じ内容でも言い方が違えば
部下のリアクションが変わる

普段から言葉の力を意識し
名言をストックしておこう

6-18

定期的な報告&相談で上司の信頼を得る

上司を味方につける

▼仕事以外の話が増えてきたら信頼されている証拠

リーダーは、部下だけでなく上司からも信頼を得なくてはいけません。そのためにぜひ実践してほしいのが、定期的な報告&相談です。

仕事の方向性に関して上司の確認がとれているというのは、仕事をスムーズに進める上で重要なポイントです。また、こまめに報告&相談を続けることで、自分の考えや仕事に取り組む姿勢を伝えられます。

もちろん、上司に話をしにいくタイミングはよく考えましょう。上司のスケジュールを調べて、一番手の空いている時間帯を選ぶ必要があります。上司が忙しいときに何度も訪れて自分の仕事の話をしていたら、「仕事の邪魔をする面倒くさいやつ」になってしまいます。

タイミングをうかがいながら報告&相談を続けていると、そのうち上司は仕事に関係ないプライベートな話などもしてくれるようになるでしょう。そうなったらもうこっちのもの。自分を信頼してくれた証拠です。

報告&相談をこまめに行おう

報告&相談を続けることで…

上司の信頼を得ることができる

**上司が仕事以外の話をしてくれるようになったら
いい関係が築けている証拠**

6-19

部下の愚痴は笑顔で聞こう

不満を聞くのもリーダーの仕事

▼何もできなくてもしっかり聞いてあげることが大事

部下がリーダーに愚痴を話してくれるようになったら、話しかけやすい関係が築けている証拠といえます。ただ、愚痴を聞くのも楽ではありません。

部下が話す愚痴のなかにはリーダーが動くことで解消できるものもあるでしょうが、大体は、「そんなこといわれても、何もしてあげられないよ」という内容です。リーダーとしての責任を感じて暗い気持ちになることもあるかもしれません。

ただ、**部下の愚痴は、解消してあげられなくてもしっかり聞いてあげることが大事です。**部下は愚痴とともにストレスを吐き出し、最終的には「結局がんばるしかないんだな」などと自分のなかでなにかしらの結論を出してすっきりするものです。

注意したいのは、「愚痴をいってないで働け！」などと叱りつけることです。これでは不満を吐き出せなくなって、部下がどんどんストレスをためてしまいます。部下の愚痴を聞くのもリーダーの大事な仕事だと心得ましょう。

部下の愚痴を聞くときのポイント

部下の愚痴は最後まできちんと聞いてあげよう

イヤな顔をしない

「また愚痴かよ。そんなこと俺にいわれても困るよ」という態度で話を聞いていると、部下から不信感を持たれてしまう

愚痴の解消に協力する

部下の愚痴に対して、リーダーとしてできることがあれば当然協力する。部下の不満を真剣に受け止めていることを行動で示す

共感を示す

「なるほど」「たしかに」などとあいづちを打ち、共感しながら部下の話を聞く。リーダーに共感してもらえれば部下の気持ちは楽になる

叱らない

「愚痴をいうな!」と叱りつけてもいいことはない。最後まできちんと愚痴を聞き、部下が感じている不満を吐き出させよう

愚痴をしっかり聞くだけで部下の気持ちは楽になる

コラム

話し下手でも大丈夫。聞き上手になればいい

部下とのコミュニケーションに関して、「自分は口下手だから、部下と気軽に話すことができない…」なんて悩みを抱えているリーダーはきっと多いでしょう。しかし、口下手なのはたいした問題ではありません。自分で話すのが苦手なら、聞き上手になればいいのです。

聞き上手になるには、いかに相手にしゃべってもらうかがポイントです。そのためには、最初に漠然とした質問を投げかけるといいでしょう。「○○についてどう思う？」という感じの質問よりも、「調子はどう？」「最近面白いことあった？」というざっくりした質問の方が、相手は気軽に応じてくれます。「どんな話題が適切だろうか」なんて難しく考えず、適当に質問すればいいのです。

また、チームにはだいたいおしゃべりな人がいるものです。そんな部下を見つけて、ムードメーカーになってもらいましょう。ムードメーカーに簡単な質問を振ってどんどんしゃべらせれば、他のメンバーを巻き込んで簡単にコミュニケーションをはかることができます。

第7章

こんなときはどうする？リーダーのトラブルシューティング

7-01

出来の悪い部下ばかりで困っている

リーダーは他力本願な存在

▼本当に出来の悪いのはリーダー自身？

部下の能力が低いと感じているリーダーはたくさんいるでしょう。能力が高いリーダーほど、部下に頼りなさを感じるものです。とはいえ通常は、ひとりひとりの能力の高さはそれほど大きな問題にはなりません。情熱を持って仕事に取り組んでくれれば、どんな部下も大事な戦力になるからです。

もし、リーダーが本気で「出来の悪い部下ばかりでどうしようもない」などと思っているとしたら、その人はリーダー失格です。能力のあるなしにかかわらず、部下の力を引き出すのがリーダーの仕事です。**出来の悪い部下ばかりだという言い分は、「自分はリーダーとしての仕事をする気がありません」といっているのと同じです。**

部下の能力に強い不満を感じているリーダーは、成果を出すことにこだわりすぎているのではないでしょうか。リーダーの仕事は成果を出すことではなく、あくまでも部下の能力を引き出すことだと考えれば、もっと前向きになれるはずです。

部下の能力が低い場合の考え方

優れたリーダーはどうやって成果を出すかを考える

部下を成長させるには
どうしたらいいだろう
部下にはどんな仕事が
向いているだろう

**優れたリーダーは
どんなときも前向きに考える**

ダメなリーダーは「部下のせいで成果が出せない」と考える

なんでこんな簡単な
ことができないんだろう
なんでこんなに出来の悪い
部下ばかりなんだろう

**部下に責任を押し付けていては
成果を出す方法も見えてこない**

7-02

部下が大きなミスを犯した

リーダーとしての器が問われる瞬間

▼すぐに状況を確認して動き出そう

部下のミスが原因で大きなトラブルになってしまう…というのは、リーダーなら一度は経験する場面です。このような解決の難しいトラブルが起きたときこそ、リーダーの力が試される瞬間といえるでしょう。

トラブルが起きたときは、まず現状を迅速に、かつ正確に把握する必要があります。トラブルを解決するためにできるだけ早く初動を起こさなくてはいけませんが、だからといって状況を把握できないまま動くと、事態がさらに悪化するかもしれません。

部下は自分のミスを小さく報告したがるものなので、ネガティブな情報をすべてリーダーに話していない可能性があります。隠していることがないかを部下に確認したら、関係各所に状況を報告して、トラブルの対応策を実行します。

トラブルが起こるとどうしても慌ててしまいますが、心を落ち着かせてトラブルの解決に集中しましょう。

トラブル対応のポイント

ただちに状況を確認して迅速に行動しよう

状況を確認してから動く

トラブル対応は初動の早さが肝心だが、焦りすぎると二次トラブルを招く。事実関係を確認して現状を正しく把握してから動き出そう

後回しにしない

トラブルは放置するとどんどん大きくなる。1時間の遅れが命取りになる場合もあるので他の仕事をキャンセルしてでも最優先で対応しよう

解決に集中する

トラブルの責任を追求したり、部下を叱ったりするのは後回し。とにかく最善の対応策を考え、トラブルを解決することに集中しよう

冷静に行動する

窮地に立たされたときこそ冷静になろう。トラブル対応でミスを起こして新たなミスが発生してしまう…ということがよくあるので注意

トラブルに適切に対応すれば部下の信頼も厚くなる

7-03
上司と価値観が合わない
上司とわかりあえない場合の対処法

▼上司の上司を味方につける

直属の上司は、敵に回すと一番厄介な相手です。上司との関係性に問題がある場合は、なるべく早く関係改善に向けて動き出しましょう。

関係改善の基本は、相手の性格や価値観、考え方をよく知ることです。その上で、たとえば上司があなたのやることにやたらとケチをつけてくるのだとしたら、上司がなぜそんなにケチをつけるのかを考えましょう。上司が心配性で、あなたの能力を過小評価していることが原因なら、報告や相談の回数を増やし、仕事が順調に進んでいることを伝えて上司を安心させるようにすれば、関係はよくなっていくはずです。

しかし、上司のそもそもの人間性に問題がある、というようなケースも少なくありません。この場合、自分ひとりの力ではどうにもならないので、上司の上司を味方につけるのが有効です。おそらく、上司の上司も自分の部下の問題点に気づいているでしょう。あなたが相談すれば力になってくれる可能性は高いはずです。

上司との関係に問題がある場合の対応

対話の機会を増やして相手のことをよく知るのが基本

上司の性格や考え方をよく知らなければ
適切な対応策は見えてこない

どうにもならない場合は上司の上司に相談する

上司の問題行動をそれとなく伝えれば
協力してもらえる可能性は高い

7-04

内気な性格なのにリーダーに選ばれた

サーバントリーダーシップ

▼内気な性格はリーダーシップを発揮する上で障害にならない

内気な性格なのにリーダーになってしまった…と悩んでいる人には、サーバントリーダーシップの考え方が参考になるでしょう。

サーバントは「召使い」という意味で、「**リーダーは、まず相手に奉仕し、その後相手を導くものである**」というのがサーバントリーダーシップの考え方。先頭に立ってチームを引っ張るのではなく、部下を陰から支えるイメージです。

サーバントリーダーシップを発揮するには、左ページにまとめた10の要素が必要だとされています。

内気だからといって、リーダーに向いていないということはありません。内気な人には内気な人なりのリーダーシップがあるのです。

リーダーはこうあるべきという固定概念を捨てて、自分のやり方でチームに貢献しましょう。

サーバントリーダーシップに必要な要素

傾聴

部下の話に耳を傾け、部下が何を望んでいるのか、部下が成長するために何が必要なのかを知る

共感

部下の意見が納得できないものであっても、いきなり否定せずに、まずは共感を示す

癒し

部下のストレスを減らし、のびのびと自分の能力を発揮できるようにサポートする

気づき

成長のヒントを見逃さない。部下に対しても、答えを与えるのではなく答えに気づかせるという姿勢が大切

説得

命令して部下を動かすのではなく、部下を説得し、納得させて自主的に動いてもらう

概念化

頭のなかにあるビジョンや経験、知識、イメージなどを、わかりやすい形で部下に伝える

先見力

世の中の流れを敏感に読み取り、さまざまな情報をもとに未来の姿を予測する

執事役

部下のことを一番に考え、部下のために行動することで、大きな信頼を得られる

部下の成長への関与

部下を成長させようとする強い気持ちを持ち、部下を成長させるためにあらゆるサポートを行う

コミュニティづくり

メンバーがお互いに欠けている部分を補い合い、協力しながら目的に向かって進めるチームを作る

7-05

部下が退職したいと言ってきた

退職を考えている部下への対応

▼部下の本気度を確かめる

部下に退職願いを出されるというのは、リーダーにとってつらい瞬間です。それが優秀な部下であればあるほどショックは大きいでしょう。**退職を考えている部下に対して、リーダーが最初にやるべきことは、退職する理由と、部下の本気度を確かめることです。**

退職の理由が待遇や環境にあって、退職を思いとどまる余地があるならば、部下のためにあらゆる手段を尽くすべきでしょう。

退職の理由がリーダーにはどうしようもないことで、部下の決意も固い場合は、無理に引き留めたりせず、快く送り出すのがおそらくベストです。

退職の決意が固い場合でも、「君がいなくなると本当に困るんだ！」と情に訴えながら全力で引き留めれば、退職願いを取り下げてくれる可能性はあります。ただ、そこまでして退職を引き留めることが、チームにとって、そしてその部下にとってプラスになるかどうかは判断が難しいところです。

退職を考えている部下への対応

退職を考え直す余地がある場合

実は現在の待遇に
不満があるんです
わかった。給料を上げてくれるように社長に
かけあってみるから少し時間をくれ

**環境や待遇に問題がある場合は
問題解決のために全力を尽くそう**

退職を考え直す余地がない場合

決意は固いようだな。よし、わかった
新しい職場でもがんばってくれ

**無理に引き留めず
気持ちよく送り出すのがベスト**

7-06

会議で意見がうまくまとまらない

すぐに使える会議テク

▼議論を可視化する

会議でたくさんの意見が出るのはいいことですが、最終的にうまくまとめきれないのでは困ります。会議の進行で悩んでいるときは、ホワイトボードを使って議論を可視化することをおすすめします。

議論を可視化するといっても、何も難しいことはありません。基本的には、出てきた意見をホワイトボードに書いていくだけでＯＫです。

意見をホワイトボードに書き出すことで、参加者全員で意見を共有しやすくなり、論点がブレなくなります。意見が文字として記録されることで、似たような意見が２つも３つも出てくるようなことはなくなりますし、「だれが発言したか」に関係なく意見を客観的に評価できるというメリットもあります。

板書は会議の進行をスムーズにするためにとても効果的で、ホワイトボードとマーカーさえあれば簡単に実践できます。ぜひ試してみてください。

板書のメリット

板書するだけで議論がスムーズに進行する

議論の集中力が高まる

「Aさんの意見は何だったっけ?」などと過去の発言を思い出す必要がなくなり、ホワイトボードをみながら議論に集中できるようになる

論点がブレにくくなる

これまでにどんな意見が出て、今何について話しあっているのかが明確になるので、論点のズレた発言が少なくなる

意見を客観的に評価できる

ベテランメンバーの意見も新人の意見も同じように記されるため、「だれが発言したか」を無視して意見の良し悪しを客観的に評価できる

議論をリードしやすくなる

いいキーワードにアンダーラインを引く、「この意見をもっと詰めていきましょう」といいながら意見を丸で囲むなどして、議論を整理できる

ホワイトボードを使って会議の質を上げよう!

7-07

チームにマンネリムードが漂っている

マンネリ打破の特効薬

▼新しいことをはじめる

チームがマンネリムードに包まれてしまったら、リーダーは新しい刺激を与えてチームを活性化しなくてはいけません。

たとえば部下に、これまでやったことのない仕事を任せてみるのもいいでしょう。新鮮な気持ちで仕事に取り組む部下が増えればマンネリムードは解消されるはずです。

また、魅力的なビジョンを提示するというのも有効です。マンネリムードに包まれているということは、現在のビジョンが力を失っている証拠です。現状を考慮して細部を修正し、新しいビジョンに切り替えるタイミングかもしれません。

大企業に属しているなら、優秀な部下を厳選して、社内ベンチャー的なチームを立ち上げるというのも効果的です。

いずれにしても大切なのは、新しい何かをはじめることです。マンネリを放置してチームのパフォーマンスを大きく低下させることのないように注意してください。

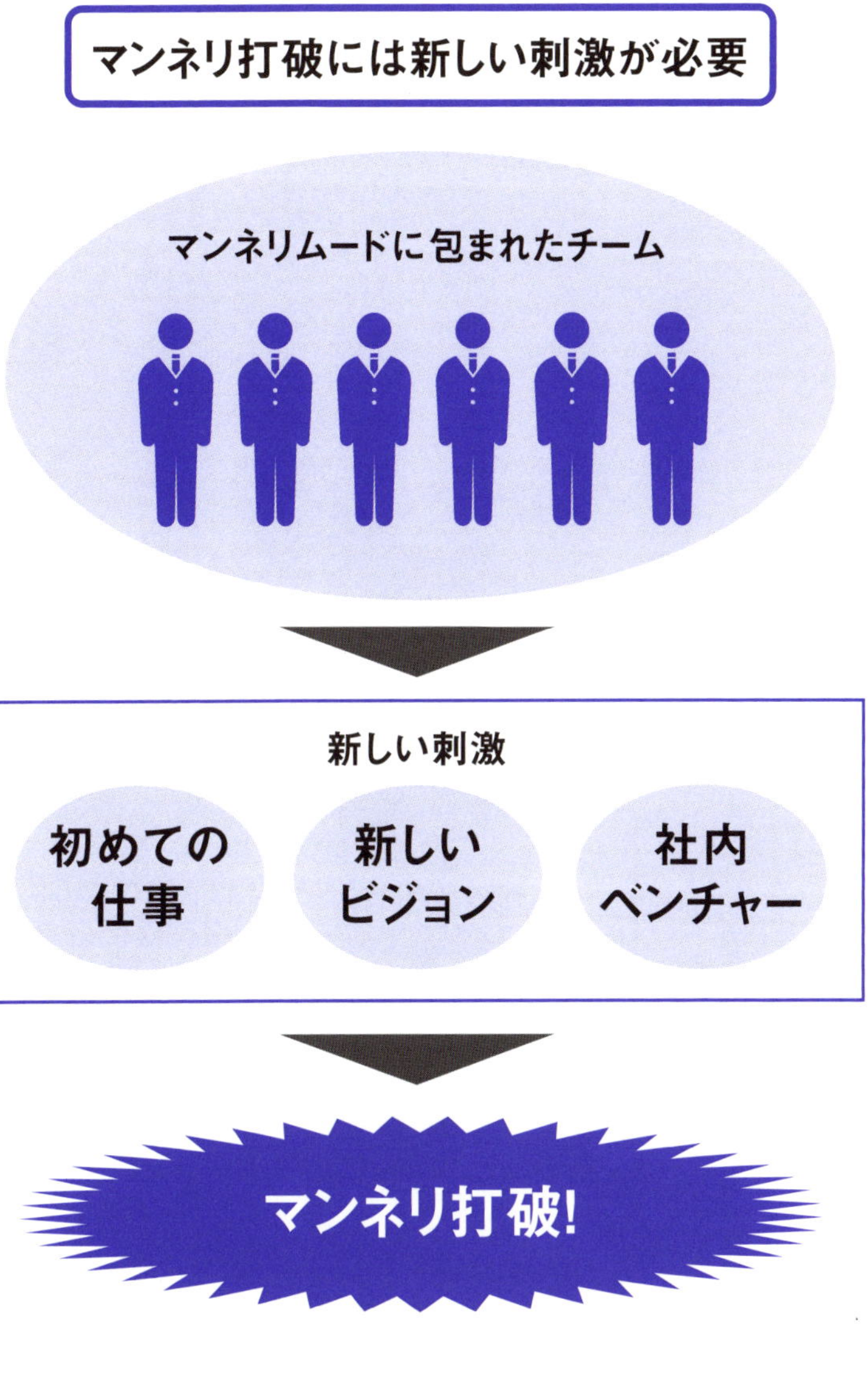
マンネリ打破には新しい刺激が必要
マンネリムードに包まれたチーム
新しい刺激
初めての仕事
新しいビジョン
社内ベンチャー
マンネリ打破!

参考文献

『そうか、君は課長になったのか。』（WAVE出版）佐々木常夫（著）
『強いチームをつくる！　リーダーの心得』（明日香出版社）伊庭正康（著）
『野田稔のリーダーになるための教科書』（宝島社）野田稔（著）
『リーダーシップが面白いほど身につく本』（KADOKAWA／中経出版）守谷雄司（著）
『二流を超一流に変える「心」の燃やし方』（フォレスト出版）野田稔（著）
『大改訂 図解 チームリーダーの教科書』（ダイヤモンド社）藤巻幸夫（著）
『図解 チームをもつ前に読む！　リーダーシップが驚くほど身につく本』（学習研究社）高城幸司（著）
『コミットメントを引き出すマネジメント――社員を本気にさせる7つの法則』（PHP研究所）野田稔（著）
『リーダーシップの本質』（ダイヤモンド社）堀紘一（著）
『組織論再入門――戦略実現に向けた人と組織のデザイン』（ダイヤモンド社）野田稔（著）
『図解 きほんからわかるリーダーシップ理論』（イースト・プレス）池田光、中西孝二、栗原晴生、田中初正、NTTラーニングシステムズ株式会社（著）
『リーダーシップのなかった僕がチームで結果を出すためにした44のこと』（実務教育出版）佐藤達郎（著）
『リーダーシップ・チャレンジ』（海と月社）ジェームズ・M・クーゼス、バリー・Z・ポズナー（著）、

関美和（翻訳）
『リーダーシップ入門』（日本経済新聞社）金井寿宏（著）
『リーダーシップ3.0――カリスマから支援者へ』（祥伝社）小杉俊哉（著）
『最高のリーダーは何もしない――内向型人間が最強のチームをつくる！』（ダイヤモンド社）藤沢久美（著）
『7つの習慣 原則中心のリーダーシップ』（キングベアー出版）スティーブン・R・コヴィー（著）
『最強の「リーダーシップ理論」集中講義 コッター、マックス・ウェーバー、三隅二不二から、ベニス、グリーンリーフ、ミンツバーグまで』（日本実業出版社）小野善生（著）
『リーダーシップ 6つの試練』（英治出版）ディーン・ウィリアムズ（著）、上野真由美、中辻綾太、開発徹、山崎貴弘（翻訳）
『リーダーシップで面白いほど結果が出る本』（あさ出版）川原慎也（著）
『本物のリーダーとは何か』（海と月社）ウォレン・ベニス、バート・ナナス（著）、伊東奈美子（翻訳）
『サーバントリーダーシップ入門』（かんき出版）金井壽宏、池田守男（著）
『頼めない・叱れない・人間関係が苦手……内向型人間のリーダーシップにはコツがある』（大和出版）渡瀬謙（著）
『ケン・ブランチャード リーダーシップ論』（ダイヤモンド社）ケン・ブランチャード、ケン・ブランチャード・カンパニー（著）、田辺希久子、村田綾子（翻訳）
『リーダーになる』（海と月社）ウォレン・ベニス（著）、伊東奈美子（翻訳）

『奉仕するリーダーが成果を上げる！　サーバント・リーダーシップ実践講座』（中央経済社）真田茂人（著）
『「ついていきたい」と思われるリーダーになる51の考え方』（サンマーク出版）岩田松雄（著）
『リーダーシップ論』（ダイヤモンド社）ジョン・P・コッター（著）、DIAMOND ハーバード・ビジネス・レビュー編集部、黒田由貴子、有賀裕子（翻訳）
『グロービスMBAリーダーシップ』（ダイヤモンド社）グロービス経営大学院（著）
『人を動かす』（創元社）D・カーネギー（著）、山口博（翻訳）
『プロフェッショナル リーダーシップ』（東洋経済新報社）森時彦、キャメル・ヤマモト（著）、大前研一（監修）、ビジネス・ブレークスルー大学（編）
『そうか！「会議」はこうすればよかったんだ』（マイナビ出版）齊藤正明（著）
『ファシリテーションの教科書――組織を活性化させるコミュニケーションとリーダーシップ』（東洋経済新報社）グロービス、吉田素文（著）
『リーダーのための！　ファシリテーションスキル』（すばる舎）谷益美（著）
『図解＆事例で学ぶ課長・部長マネジメントの教科書』（マイナビ出版）シェルパ（著）、野田稔（監修）
『図解＆事例で学ぶ会議・打ち合わせの教科書』（マイナビ出版）会議・打ち合わせ研究会（著）

索引

【な行】

【は行】

【ま行】

【や～わ行】

●著者
ビジネス戦略研究所
大企業のビジネスパーソンや様々なジャンルで活躍する経験豊富なフリーランサーが立ち上げた研究会。ビジネススキルやビジネス戦略の向上をテーマに、トップランナーへのヒアリングと文献研究を行い、成果につながるビジネス手法を日々研究している。

図解＆事例で学ぶ リーダーシップの教科書

2016年8月31日　初版第1刷発行

著　者　ビジネス戦略研究所
発行者　滝口直樹
発行所　株式会社マイナビ出版
〒101-0003 東京都千代田区一ツ橋2-6-3 一ツ橋ビル2F
TEL 0480-38-6872（注文専用ダイヤル）
TEL 03-3556-2731（販売部）
TEL 03-3556-2733（編集部）
Email：pc-books@mynavi.jp
URL：http://book.mynavi.jp

装丁　萩原弦一郎、戸塚みゆき（ISSHIKI）
本文デザイン　玉造能之、梶川元貴（ISSHIKI）
図解・DTP　富宗治
印刷・製本　図書印刷株式会社

ISBN978-4-8399-5759-9
Printed in Japan